改訂版

「労務リスクトラブル」いざのときの対処法Q&A

志戸岡 豊 著

セルバ出版

はじめに

人を雇用すると、社員との様々な労務トラブルが発生するリスクを抱えることになります。自分一人で勝手気ままにやっているときとは違い、面倒な手続や管理も必要になってきます。

経営者は、「面倒臭いなあ～」と考えます。しかし、その「面倒なこと」をやらないとダメな時代になってきました。

あなたの会社の社員は、どれだけ会社に満足感を得ているでしょうか。

今日も家に帰って、インターネットで「サービス残業」について検索し、勉強しているかもしれません。何といっても今は、簡単にタダで情報が収集できます。

「働く」ということには、「義務」と「権利」が生じます。得てして、トラブルを起こすのは、「義務」を果たさず「権利」ばかり主張する社員です。

「あいつは大した仕事もしないくせに権利ばかり主張して腹が立つ」－人を雇っている経営者の方なら誰でも思ったことがあるでしょう。

会社にも、人を雇う場合、「義務」と「権利」がありますが、会社の「義務」ってご存知ですか。この「会社の義務」が「面倒な手続」や「管理」になるわけです。

権利ばかり主張する社員と社員が求めてくる会社の義務。もはや、経営者のノリと勢いだけでは、働きやすい職場環境を実現することは不可能な時代となっています。

本書は、少しでも労務への意識を変えて欲しいとの思いから、実際の現場で培ってきた実務上のノウハウをもとに問題をピックアップし、図表・図解・書式を多く用いて、Q＆A形式でわかりやすく解説しています。

1つ、また1つと必要な対策を行うことで、将来のトラブル発生時に費やされる時間、お金、そして何よりも精神的な不安を解消することができます。

社員との関係が良好な厳しくも楽しい職場をつくりあげることを期待しています。

２０１１年４月

改訂版では、労働契約法改正による無期雇用転換、労働者派遣法の期間制限の大幅な改正、労働安全衛生法によるストレスチェック、マタニティハラスメント対応、そして、マイナンバー法といった最新の話題を新たな項目として追加いたしました。これらの法改正に、企業は何をするべきか、どんなことに注意する必要があるかといった実務対応を念頭に置いてまとめています。

また、従来の項目についても、初版発行の２０１１年よりも今の風潮にあった対応法に改良をしております。本書が人事労務管理に携わる方々のお役に立つことができれば幸いです。

２０１６年４月

社会保険労務士　志戸岡　豊

本書の内容は２０１６年４月１日現在の法令等に基づいています。

改訂版「労務リスク・トラブル」いざのときの対処法Q&A　目次

はじめに

1　労務トラブル解決のための基礎知識

2 社員を雇うときの問題と対処法

3 給料をめぐる問題と対処法

4 サービス残業の問題と対処法

5　会社のルールをめぐる問題と対処法

6 労災保険と雇用保険をめぐる問題と対処法

7 社会保険と健康保険をめぐる問題と対処法

8 退職・解雇をめぐる問題と対処法

⑨ パート・契約社員等をめぐる問題と対処法

10 マイナンバーをめぐる問題と対処法

本文中は次の略称を使用しています

労基法	労働基準法	労災保険	労働者災害補償保険
労規則	労働基準法施行規則	入管法	出入国管理及び難民認定法
労基監督署	労働基準監督署	社労士	社会保険労務士
契約法	労働契約法		
均等法	男女雇用機会均等法		
パート法	パートタイマー労働法		
パート	パートタイマー		

「労基法○条○項○号」とあるのは「労基法第○条第○項○号」の略記です。

1 労務トラブル解決のための基礎知識

Q1　労務トラブルってなに・起こるのはなぜ

Ａ　労務トラブルは、サービス残業問題に代表される社員・会社間のトラブルのことです。ネットの発達による労務知識の向上、社員の権利意識の高まりなどで顕著になってきています。

★労務トラブルの主な例

労務トラブルの主な例をあげると、図表1のとおりです。

【図表１　労務トラブルの主な例】

①サービス残業	⑦新入社員の内定取消し	⑬パート社員の差別待遇
②名ばかり管理職	⑧労働条件の不利益変更	⑭保険未加入による損害賠償
③問題社員の不当解雇	⑨社員の副業発覚	⑮転勤・出向等の人事異動
④過労によるうつ病・自殺	⑩外国人の不法就労	⑯試用期間の本採用拒否
⑤セクハラ・パワハラ	⑪面接での経歴詐称	⑰社員の横領
⑥契約更新時の雇止め	⑫会社の機密情報漏洩	⑱第三者への使用者責任

★労務トラブルが起こる原因

労務トラブルが起こる原因をあげると、次のとおりです。

(1) 終身雇用制や年功序列などの雇用システムの崩壊により社員の権利意識が高くなったこと。
(2) インターネットの普及により専門知識の簡単な入手が可能となったこと。
(3) 従来の基準によって健康被害が増加したことで労働法の基準が厳しくなったこと。
(4) 弁護士、司法書士等の競争激化により社員側をサポートする人が増えてきたこと。

★労務トラブルの発生と対応の流れ

労務トラブルの発生・対応の流れは、図表2のようになります。

会社としては、「お互いの言い分をもとに交渉」の段階が最も重要となります。たとえ法律違反を犯していなかったとしても、犯していないことを立証できなければ意味がありません。どれだけ会社の主張を立証できる証拠があるかどうかが最重要ポイントです。

また、厳格に法律を適用した場合、いくら払わなければいけないか（いくらぐらいが妥当な金額か）を専門家に試算してもらい、その金額未満で相手方と合意を得ることが問題の落とし所となります。

逆にいえば、法定以上の法外な要求をされた場合には、会社としても労働審判や裁判所での通常訴訟において第三者より客観的に司法判断を下されるほうがいい場合もあります。

会社から持ち込むこともできます。

【図表2　労務トラブル発生･対応フロー】

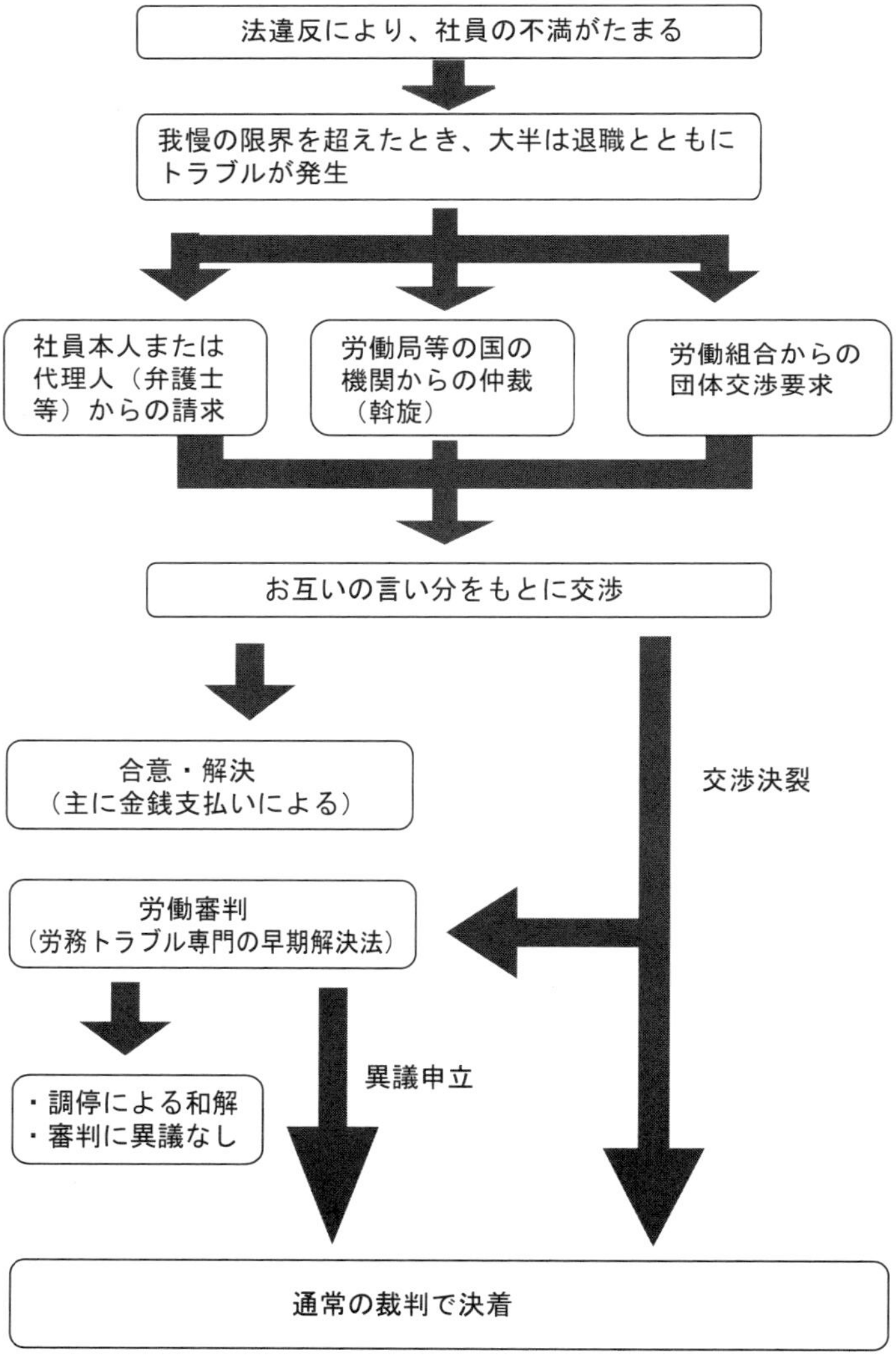
法違反により、社員の不満がたまる
我慢の限界を超えたとき、大半は退職とともにトラブルが発生
社員本人または代理人（弁護士等）からの請求
労働局等の国の機関からの仲裁（斡旋）
労働組合からの団体交渉要求
お互いの言い分をもとに交渉
合意・解決（主に金銭支払いによる）
交渉決裂
労働審判（労務トラブル専門の早期解決法）
・調停による和解
・審判に異議なし
異議申立
通常の裁判で決着

Q2　労務トラブルを防ぐ方法は

Ａ　労働条件について、会社は労働契約書や就業規則を整備して、社員にきちんと説明し、「誤解」をなくすことです。そして、説明した条件を会社はきちんと守ることが必要です。

★「口約束」がトラブルの元凶―まずは「労働契約書」を作成する

労務トラブルをなくす（減らす）には、まず入社の段階で労働契約書を作成し、書面で条件確認を行うことがポイントです（図表３）。

この段階で条件が曖昧なまま仕事を始めてしまうと、トラブルを招く大きな原因となります。

法律上は会社側からの一方的な通知である労働条件通知書（図表５参照）でもＯＫですが、条件に確かに合意した証明として労働契約書を結ぶことが大切です（図表６参照）。

★社員に説明したことを会社は守る義務がある

労務トラブルは人の問題ですので人間関係が大きく絡みますが、約束を守ることは良い人間関係を構築する上で最低限必要なことです。

社員にも会社のルールを守ってもらうためにも、会社も社員に明示した条件を守ることが重要です。守れない条件や待遇はつくらないほうが無難です。

【図表３　労働契約書と就業規則の効能】

労働契約書
＋
就業規則
→
・自社のルールの明確化
・口約束の廃止により「誤解」の解消
・紙面化により「義務」と「権利」の意識づけ
・トラブル発生の際の証拠書類

※10人未満の小さな企業では、「労働契約書＝就業規則」で対応可。

★就業規則こそ会社を守る盾となる

就業規則は、社員10人以上の会社には法律上作成義務のある必須のルールブックです。中でも、社員が守るべき事項である服務規定、罰則である懲戒事由や解雇事由は、会社運営の幹となる部分であり、会社を守るうえで不可欠なものですから、十分に検討して作成し、運用する必要があります。

就業規則は、条件の違う社員区分（パート・正社員・契約社員など）ごとに作成します。

★10人未満の零細企業は労働契約書でＯＫ

分厚い就業規則をつくっても、社員に周知・理解させたうえで運用しなければつくった意味がありません。それよりも労働契約書の内容をボリュームアップさせます。そして、労働契約書で就業規則を代替させるほうが意識も高まり、よっぽど実効性があります。

労働契約書は、社員本人が署名と捺印をします。自分が印鑑を押した書類なので非常に高い意識をもちますから、見たこともない就業規則より、労働条件の重要事項を抜粋した労働契約書が社員のモラル向上に一役買うのはこのためです。

★就業規則は労働契約書よりも強い

就業規則は、画一的・統一的に定められたみんなのルールです。これに対し、労働契約書は、社員一人ひとりと会社が個別に結んだルールです。当然どちらも大切なのですが、両者の優位性は就業規則に軍配があがります（契約法12条）。

この就業規則の優位性があるため、就業規則を下回る労働契約書を締結した場合、その下回る部分については、就業規則で定める基準まで引き上げられることになります。

【図表4　就業規則は労働契約書より強い】

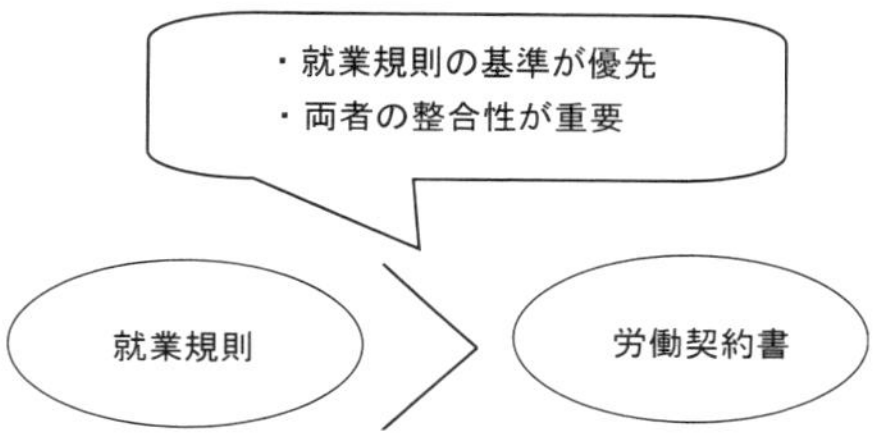

★中途半端な古い就業規則は余計に危険

会社にとって古い就業規則がなぜ危険なのか。それは、古い就業規則は、現在の法律に適応していないこともさることながら、会社にとって不利な条文（社員にとって有利な条文）が知らず知らずのうちに存在するためです。

せっかく、労働契約書をつくり込んでも、就業規則の条文1つのせいで旗色が悪くなることも考えられます。整合性のポイントは、就業規則の適用範囲をどこまで及ばせるかです。

そして就業規則では、規定せずに、「詳細な労働条件については個別の労働契約書により定める」とある程度柔軟に、契約書で対応する部分を決めることです。

【図表５　労働条件通知書の例】

（表）

労働条件通知書

年　月　日

＿＿＿＿＿＿＿＿殿

事業場名称・所在地
使 用 者 職 氏 名

契約期間	期間の定めなし、期間の定めあり（※）（　年　月　日～　年　月　日）
就業の場所	
従事すべき業務の内容	
始業、終業の時刻、休憩時間、就業時転換（(1)～(5)のうち該当するもの一つに○を付けること。）、所定時間外労働の有無に関する事項	1　始業・終業の時刻等 (1) 始業（　時　分）　終業（　時　分） 【以下のような制度が労働者に適用される場合】 (2) 変形労働時間制等；（　）単位の変形労働時間制・交替制として、次の勤務時間の組み合わせによる。 ┌ 始業（ 時 分） 終業（ 時 分） （適用日　　） ├ 始業（ 時 分） 終業（ 時 分） （適用日　　） └ 始業（ 時 分） 終業（ 時 分） （適用日　　） (3) ﾌﾚｯｸｽﾀｲﾑ制；始業及び終業の時刻は労働者の決定に委ねる。 （ただし、ﾌﾚｷｼﾌﾞﾙﾀｲﾑ（始業）　時　分から　時　分、 （終業）　時　分から　時　分、 ｺｱﾀｲﾑ　時　分から　時　分） (4) 事業場外みなし労働時間制；始業（　時　分）終業（　時　分） (5) 裁量労働制；始業（　時　分）　終業（　時　分）を基本とし、労働者の決定に委ねる。 ○詳細は、就業規則第　条～第　条、第　条～第　条、第　条～第　条 2　休憩時間（　）分 3　所定時間外労働の有無 （ 有 （1週　時間、1か月　時間、1年　時間）、無 ） 4　休日労働（ 有 （1か月　日、1年　日）、 無 ）
休日及び勤務日	・定例日；毎週　曜日、国民の祝日、その他（　　） ・非定例日；週・月当たり　日、その他（　　） ・1年単位の変形労働時間制の場合－年間　日 （勤務日） 毎週（　　）、その他（　　） ○詳細は、就業規則第　条～第　条、第　条～第　条
休暇	1　年次有給休暇　6か月継続勤務した場合→　日 継続勤務6か月以内の年次有給休暇　（有・無） →　か月経過で　日 2　その他の休暇　有給（　　） 無給（　　） ○詳細は、就業規則第　条～第　条、第　条～第　条

（次頁に続く）

（裏）

賃　　金	1　基本賃金　イ　月給（　　　　円）、ロ　日給（　　　　円） ハ　時間給（　　　円）、 ニ　出来高給（基本単価　　　円、保障給　　　円） ホ　その他（　　　　円） ヘ　就業規則に規定されている賃金等級等 2　諸手当の額又は計算方法 イ（　　手当　　　円　／計算方法：　　　　　　　） ロ（　　手当　　　円　／計算方法：　　　　　　　） ハ（　　手当　　　円　／計算方法：　　　　　　　） ニ（　　手当　　　円　／計算方法：　　　　　　　） 3　所定時間外、休日又は深夜労働に対して支払われる割増賃金率 イ　所定時間外、法定超（　　）%、所定超（　　）% ロ　休日　法定休日（　　）%、法定外休日（　　）% ハ　深夜（　　）% 4　賃金締切日（　　）－毎月　日、（　　）－毎月　日 5　賃金支払日（　　）－毎月　日、（　　）－毎月　日 6　賃金の支払方法（　　　　　　　） 7　労使協定に基づく賃金支払時の控除（無　，有（　　）） 8　昇給（　有（時期、金額等　　　　　　），　無　） 9　賞与（　有（時期、金額等　　　　　　），　無　） 10　退職金（　有（時期、金額等　　　　　），　無　）
退職に関する事項	1　定年制　（　有　（　　歳），　無　） 2　継続雇用制度（　有（　　歳まで），　無　） 3　自己都合退職の手続（退職する　　日以上前に届け出ること） 4　解雇の事由及び手続 〔　　　　　　　　　　　　　　　　〕 ○詳細は、就業規則第　条～第　条、第　条～第　条
そ　の　他	・社会保険の加入状況（ 厚生年金 健康保険　厚生年金基金 その他（　　　）) ・雇用保険の適用（　有，　無　） ・その他〔　　　　　　　　　　　　　　　　〕 ・具体的に適用される就業規則名（　　　　　　　）

※　「契約期間」について「期間の定めあり」とした場合に記入

更新の有無	1　契約の更新の有無 ［自動的に更新する・更新する場合があり得る・契約の更新はしない・その他（　　）］ 2　契約の更新は次により判断する。 （・契約期間満了時の業務量　　・勤務成績、態度　　　・能力 ・会社の経営状況　・従事している業務の進捗状況 ・その他（　　　　　　　　　　　　　　　　））

※　以上のほかは、当社就業規則による。

※　短時間労働者の場合、本通知書の交付は、労働基準法第１５条に基づく労働条件の明示及び短時間労働者の雇用管理の改善等に関する法律第６条に基づく文書の交付を兼ねるものであること。

※　登録型派遣労働者に対し、本通知書と就業条件明示書を同時に交付する場合、両者の記載事項のうち一致事項について、一方を省略して差し支えないこと。

【図表６　労働契約書の例】

労働契約書

本労働契約は、下記の通りの労働条件を明示し、労働契約を締結する。

フリガナ 氏　名		生年月日		歳
雇用期間	雇用期間の定めなし　（　入社年月日　）			
就業場所				
業務内容				
就業時間	：　～　：　（実労働　○○時間）			
休憩時間	：　～　：　（○○分）			
休　日				
休　暇	1.　年次有給休暇　詳細は就業規則による。 2.　その他の休暇　詳細は就業規則による。			
休　業	1.　育児休業　詳細は就業規則による。 2.　介護休業　詳細は就業規則による。 3.　その他の休業　詳細は就業規則による。			
賃　金	基本給　円 諸手当 ○○○手当　円 ○○○手当　円 ○○○手当　円 ○○○手当　円 月額給与合計　円			
	1. 支払時に控除するものは以下の通りとする。 ①法定控除、②その他協定による控除 2. 通勤手当は賃金規程の定めに従い支給する。			
昇　給	年一回毎年○月。詳細は賃金規程による。			
賞　与	原則として、年二回。詳細は賃金規程による。			
退職金	退職金規程の定めに従い支給する。			
賃金の支払	毎月○○日締切り当月○○日支払。本人名義の口座に振込むものとする。			
退職に関する事項	1.　定年　60歳　＊再雇用制度あり（本人が希望し、労使協定の定める基準を満たしている者） 2.　自己都合退職の手続　＊退職届を1ヶ月（管理職は2ヶ月）前までに届け出ること 3.　解雇の場合の手続　＊就業規則による			
保険適用	雇用保険　加入　・　非加入 社会保険（健康保険・厚生年金保険　加入　・　非加入			
その他	本契約書記載以外の労働条件については、就業規則の定めによる。			

本契約は労働条件について十分説明を受け、労使合意のもとに締結する。

平成　年　月　日

雇用者　株式会社○○○○

代表取締役　○○○○　㊞

労働者　㊞

ここが大事！
就業規則がない場合、労働契約書に記載します。

ここが大事！
本人に署名、捺印で両者で保管します。

Q3　トラブルが起こったときは弁護士と社労士どちらに頼めばいい

A　弁護士は、裁判で本人の代理をすることが可能です（これを訴訟代理権といいます）。一方、社労士には訴訟代理権がありません。裁判まで想定するかどうかで選ぶ必要があります。

★訴訟代理権がある「弁護士」に頼む意味

裁判は、本人でも対応できますが、相手方のみが弁護士に依頼している場合、当然不利な結果が予想されます。

弁護士の報酬は、依頼時に着手金、そして裁判の判決結果に応じて成功報酬を支払うのが一般的で、社労士に比べ費用は当然割高です。

相応の費用はかかりますが、会社としては安心感も得られ結果的に安く済む場合もあります。

★訴訟代理権のない「社労士」の存在意義、役割

トラブルが起こったとしても、全てが裁判になるわけではありません。

話し合いで解決できるケースでは、社労士の知恵を借りる意義はあります。

また、「特定」の名称がつく社労士はあっせんと呼ばれる裁判以外での紛争解決手段において会社側の代理業務を行うことができます。社労士は訴訟になる前の相談相手というイメージです。

【図表7　労務トラブル発生時の判断ポイント】

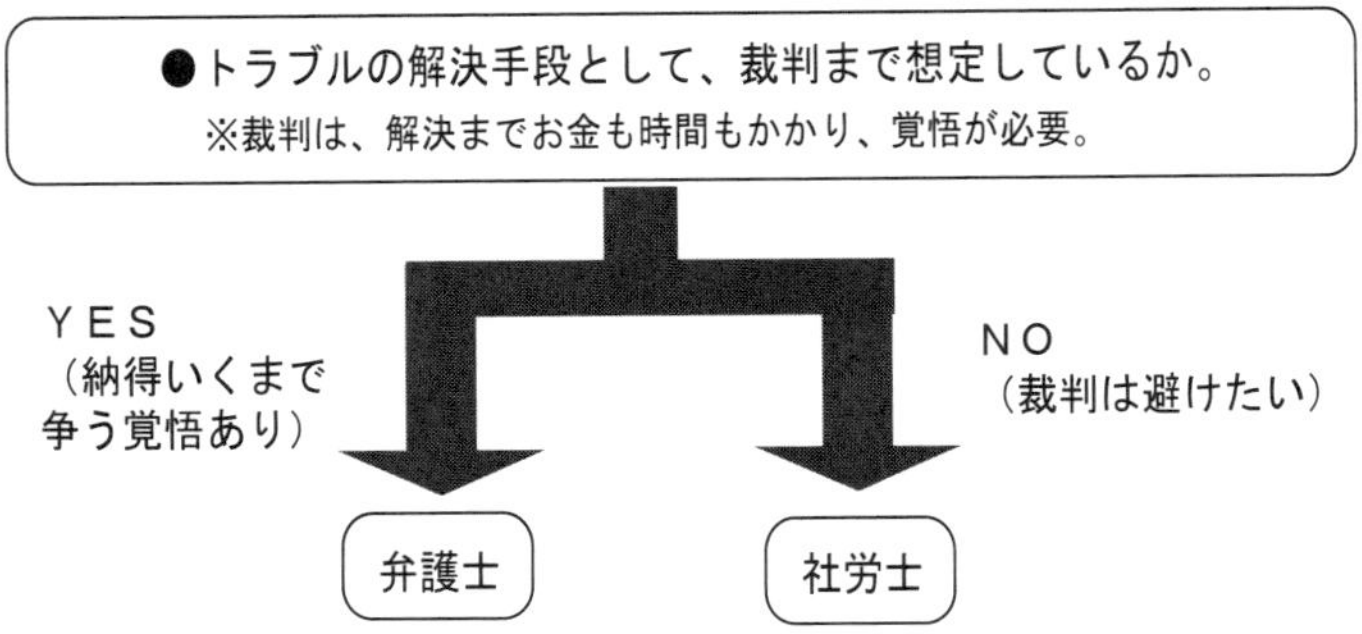
●トラブルの解決手段として、裁判まで想定しているか。
※裁判は、解決までお金も時間もかかり、覚悟が必要。
YES
（納得いくまで
争う覚悟あり）
NO
（裁判は避けたい）
弁護士
社労士

★専門家を選ぶポイント

現在、全国で、弁護士は約3万6千人、社労士は約4万人が登録をしています。弁護士、社労士のいずれにも得意とする専門分野があります。弁護士については、労働法を専門に扱い、企業側に立つ弁護士がベストです。

社労士については、日常から接することでこそメリットを発揮します。労務トラブルを得意とする専門能力もさることながら、相談しやすさや経営者との相性もポイントです。

★社労士＋弁護士が労務トラブルの最強コラボ

理想をいえば、実務家の「社労士」に日常の管理を行ってもらいます。

そのうえで、複雑なトラブルが発生したときに、「弁護士」のアドバイスを受けながら対応することが最強の対応策です。

社労士や弁護士に限らず専門士業は、それぞれ独自のネットワークを構築しています。「万が一裁判になったらどうなりますか」という質問を社労士に投げかけると、その回答によってどこまでフォローしてくれるかがわかります。

Q4 労基監督署ってなに・会社をチェックするのはなぜ

A 会社が労基法をはじめとする労働法に違反していないかをチェックします。チェックの目的は、違反事項を指導し改善させることで、社員の健康と安全を確保することにあります。

【図表8 臨検の種類】

臨検の種類

- ① 定期監督
  毎年の業務計画に基づいて実施されます。法律改正の影響の大きい業種や世間で問題になっている業界をターゲットに行われます。
- ② 申告監督
  いわゆる社員からの密告です。内容にもよりますが、すでに法律違反の疑いがあるので、①の定期監督よりも厳しくチェックされます。
- ③ 災害時監督
  機械操作による死亡事故などの重大な労働災害が発生した場合に、事故の原因究明と再発防止のためにチェックが行われます。
- ④ 再監督
  ①～③のチェックで発見された違反事項が改善されているかを確認するために後日行われます。

★労働法の違反チェック「臨検」の方法

臨検とは、会社への労基監督署の立入調査のことです。(臨検の方法は図表8、臨検でのチェックポイントは図表9参照)。

会社として一番注意が必要な臨検は、②の申告監督です。筆者の感覚では、タイムカードの記録では納得せずに、パソコンのログデータやサーバーの管理記録までを要求される場合、高い確率で申告監督であるといえます(定期監督では、チェック対象会社も多いので、そこまでチェックされることはありません)。

【図表９　臨検のチェックポイント】

チェック対象物	チェックポイント
①賃金台帳	□サービス残業がないか。 □不適切な控除がされていないか。 □計算方法はあっているか。
②タイムカード	□労働時間を適切に把握しているか。 □サービス残業がないか。
③パソコン、サーバーの管理記録	□タイムカードと整合性がとれているか。 □未払いの残業代がないか。
④労働契約書 （労働条件通知書）	□入社の際にきちんと書面で条件提示しているか。 □法的に必要な事項が記載されているか。
⑤就業規則	□古い内容のままになっていないか。 □現在の法律に照らし合わせて違反がないか。
⑥労働者名簿 ※社員の個人情報が記載された書類	□必要事項が記載されているか。 □適切に管理しているか。
⑦労使協定書 ※会社と社員間の取決め内容を記載する書類	□必要事項が記載されているか。 □適切に管理しているか。
⑧健康診断記録	□健康診断を適切に実施しているか。 □社員の健康管理がなされているか。
⑨機械設備	□安全上問題がないよう保護具があるか。 □検査が適切に実施されているか。

Q5　労基監督署に駆け込まれたときの対応は

A　社員が労基監督署へ駆け込み法律違反が発覚した場合、是正勧告・改善指導がなされます。その後、違反事項を改善し、是正報告書（改善報告書）を労基監督署へ提出します。

【図表10　駆け込まれたときの対応】

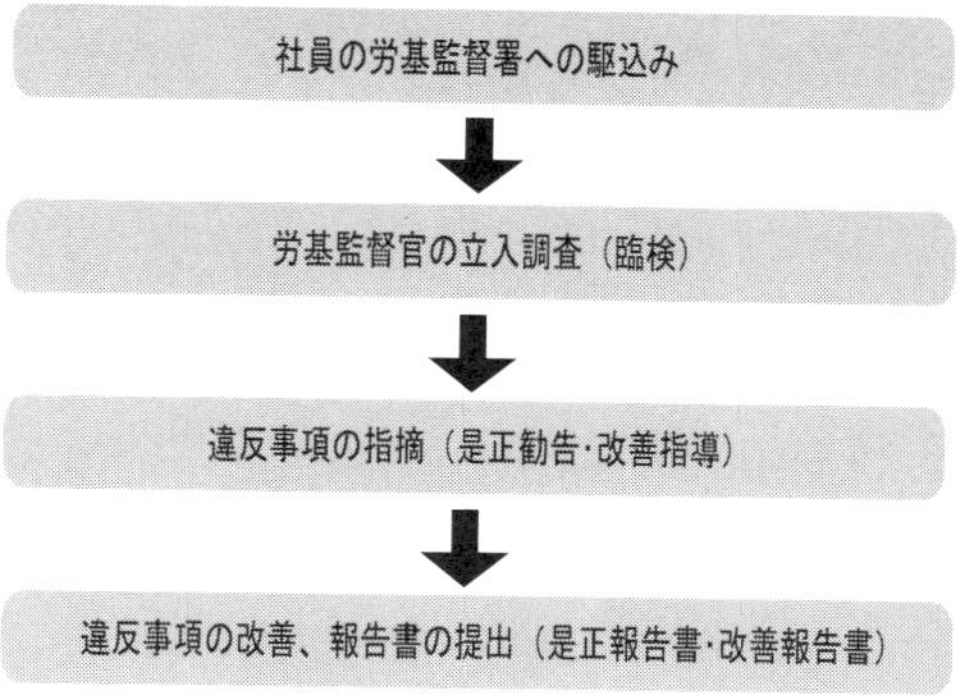

★無視・嘘などの悪質な対応は状況を悪化

労基監督署からの指導・勧告を無視すると、最悪の場合、刑事罰で書類送検される可能性もあり、非常に危険です。喧嘩をしてはいけませんので、ご注意ください。

このように怖い労基監督署ですが、実は、民事不介入の原則があります。

例えば、「解雇」の問題で社員とトラブルになっても、労基監督署で○か×の決定を下す権限はないということです（民事の問題は裁判で争うべきものです）。

あくまでも、将来に向けての改善・指導を行う機関です。

また、臨検は、労基監督官の主観による部分も大きく、厳しさのレベルは人によって変わります。

【図表 11　是正報告書の例】

是　正　報　告　書

平成　　年　　月　　日

○○　労働基準監督署長　殿

事業の名称　○　○　○　○　株　式　会　社
事業の所在地　東京都○○区○○○○－○－○
使用者職氏名　代表取締役　○○　○○　　　㊞

平成　　年　　月　　日 貴署○○○○労働基準監督官より是正勧告を受けた事項について下記の通り是正したので報告します。

記

実際の支払日を記入

改善した証拠となる資料を
必ず添付する。

違反条項等	是　正　内　容	是正完了 年 月 日
労基法３７条	法第３７条に定める時間外及び深夜労働に対する割増賃金について	・　・
	労働時間を再度精査し不足額を支払いました。	・　・
	（添付資料１：タイムカード写し）	・　・
	（添付資料２：賃金台帳写し）	・　・
		・　・
労基法８９条	法第８９条に定める就業規則の届出について、今般就業規則の作成	・　・
	を行い、従業員代表の意見書と合わせ届出をしました。	・　・
		・　・
		・　・
		・　・
		・　・
		・　・
		・　・
		・　・
		・　・
		・　・

Q6 社会保険調査ってなに

A 年金事務所が、会社に対して社会保険料を適切に納めているかをチェックする調査です。

年金事務所が独自に行う調査と会計検査院による調査の２つがあります。

★パートの加入漏れと報酬金額が２大チェック点

チェックポイントは、やはり加入漏れ（偽装喪失）と報酬金額につきます。タイムカードで出勤実態が社会保険の加入基準を超えていないかチェックされます。なお、この加入基準は従来正社員の４分の３以上でしたが、平成28年10月より法改正でこの基準が拡大されます（図表12の２）。

★労基監督署同様に社員からの申告調査もある

法人であれば、規模に関わらず、社会保険の加入義務があります。社員もそのことは十分に認識しています。社会保険は、社員にとっては大切な福利厚生です。「社会保険に加入すると利益がなくなるから」というような理由で未加入のままになっていませんか。

「他の会社は社会保険に入っているのにウチの会社は入ってくれない」

【図表12-2　平成28年10月以降の短時間労働者の社会保険加入基準】

①１週間の所定労働時間が、20時間以上あること
②月額賃金が8.8万円以上（年収が106万円以上）あること
③継続して１年以上雇用されることが見込まれること
④学生でないこと
⑤同一事業主の適用事業所の厚生年金被保険者数が500人を超える事業所で雇用されていること

※上記全てに該当する短時間労働者が新たに適用対象となります。

【図表12　社会保険調査のチェックポイント】

□法人であれば、そもそも社会保険に加入しているか。
□パート、高齢者の加入漏れはないか。
□給与の金額と社会保険の等級に整合性はとれているか。
□入社日と保険加入日に整合性はとれているか。
□源泉税納付書と賃金台帳の支払人数に整合性はあるか。
□賞与の支払いに応じて保険料を納めているか。

社員の不満が限界を超えれば、当然申告されてしまい、調査の対象となってしまいます。

★会計検査院の調査は非常に厳しい

会計検査院の調査は、年金事務所が独自に行う調査よりも数段厳しいチェックが行われます。会計検査院は、年金事務所が適正に業務を行っているか、つまり「法律の条文どおり」に手続を行っているかを調査するため、チェックが非常に厳しくなります。

社会保険調査の案内通知書を見れば、どちらの調査かが判断できます。会計検査院の調査の場合、「今後加入を検討させてください」という回答は通りません。

その場で書類を書かされるケースもあり、経営の苦しい会社にとっては死活問題となります。

ただし、そのような場合には、支払方法について、分割支払い等保険料の交渉が可能です。厳しいとはいえ、社会保険加入は、法人の義務です。

個人事業主が法人化を検討する場合には、税制面での取扱内容と合わせ、この社会保険の取扱いを踏まえて検討する必要があります。

Q7 社会保険調査で会社をチェックするのはなぜ

A 社会保険調査は、加入漏れや給与変更に伴う保険料変更手続のし忘れなどの不適切な処理を発見し、正しい保険料を徴収するために行います。

★未加入発覚なら最大で過去2年間遡って保険料徴収

未加入者が発見された場合、2年間の保険料負担が発生することがあります。

保険料は、本来会社と社員が折半するものですが、会社の不手際で未加入であったということになると、いまさら社員に払ってほしいといえるかどうかは疑問です。社員の納得は、そう簡単には得られないでしょう。

★無視し続ければ最悪財産の差押も

調査の指摘を無視した場合、以後、立入調査の対象となってずっと目をつけられることになります。また、調査の結果、多額の保険料納付義務が発生したものの、無視して支払わなかった場合（保険料滞納）、最悪財産の差押がなされます。

税金に比べ、保険料を甘くみている経営者もいますが、甘くはありません。払うものは払わなくてはいけません。

【図表13　未加入者発見のときの保険料負担シミュレーション】

【シミュレーション条件】
1、協会健保　東京支部の保険料率（H28年03月以降分）で試算
2、年齢40歳未満（介護保険未適用者）で試算
3、下表中の保険料は、会社負担＋社員負担の合計額を表示（本来は折半負担）

	月額
月給	180,000円
健康保険料	17,928円
厚生年金保険料	32,090円
保険料小計	50,018円

・２年間遡及保険料⇒50,018円×12か月×２年間＝1,200,432円（本来は折半負担）
・上記対象者が５名いた場合⇒1,200,432円×５名＝6,002,160円

★年金受給者の未加入発覚は特に注意

会社に勤めながら年金をもらう人は、給料の金額に応じて年金額が減額調整されて支給されます。

しかし、この調整は社会保険のデータをもとに行われます。

つまり、社会保険に違法に未加入であれば、データもないので調整のしようがなく、結果、給料も年金も全額もらえます。そのため、もし社会保険調査で加入漏れや偽装喪失（本来なら加入すべき人が保険を脱退しているケース）が発見された場合、後から年金を返納する必要が出る恐れがあります。当然ながら、この問題は会社の不手際によるものです。

なぜいまさら誰が払うのかといった問題が生じ、労務トラブルにつながるため、注意が必要です。

社会保険に加入したくないのであれば、加入基準である正社員の４分の３未満の労働時間・労働日数（この加入基準は平成28年10月より適用拡大されるため注意が必要）に抑えるしか方法がありません。

2

社員を雇うときの問題と対処法

Q8　外国人を採用するときの問題は

Ａ　日本で仕事をやれる人かどうかを在留資格という情報でチェックします。働く資格のない外国人を雇用すると、会社にも不法就労助長罪という罰則が適用される恐れがあります。

★外国人は在留資格により働く範囲と期間が制限されている

在留資格には様々な区分があり、働ける範囲と働ける期間がそれぞれ決められています(図表14)。つまり、たとえ優秀な外国人が求人に応募してきても、あなたの会社で誰もが働けるわけではありません。

★在留資格の変更は行政書士へ頼もう

優秀な外国人を雇用するには、在留資格の変更が必要になることが多々あります（図表15）。この手続は、「社労士」ではなく「行政書士」の業務範囲となります。知合いやインターネットで在留資格を専門に取り扱う方へ依頼することが、許可を得る一番の近道です。

★日本語能力の確認も必須

仕事を進めるうえで、言葉の問題は大きな壁となります。国が違えば文化や仕事に対する考え方も違います。日本語能力の欠如は、トラブルの要因になりますので注意が必要です。

【図表14　在留資格の具体例】

在留資格	対象者と働くことができる範囲（職業例）
技術・人文知識・国際業務	技術若しくは知識を要する業務又は外国の文化に基盤を有する思考若しくは感受性を必要とする業務に従事する活動 ⇒機械工学等の技術者、通訳、デザイナーなど
技能	特殊な分野に属する熟練した技能を要する業務に従事する活動 ⇒外国料理のコック、貴金属加工職人など
留学	日本の大学、短大などで教育を受ける活動。許可を得ることでアルバイトは可能 ⇒大学・短期大学・高等専門学校等の学生
永住者	日本永住の許可申請をし、許可を受けた者 ⇒すべての仕事に従事が可能
日本人の配偶者等	日本人の配偶者、特別養子または日本人の子として出生した者 ⇒すべての仕事に従事が可能

【図表15　在留資格変更のモデルケース】

飲食店で外国人留学生（在留資格は「留学」）をアルバイトとして雇用（資格外活動許可を受けている者に限る）。

↓

非常に真面目に働いていたので、会社は正社員として雇いたく、本人も卒業後このまま働き続けたいとの意向であった。

↓

「留学」のままでは卒業後に働くことができないため、在留資格の変更が必要。

<対応例>

・日本人と結婚⇒在留資格「日本人の配偶者等」へ変更

・その道の資格、特殊技能を取得⇒在留資格「技能」へ変更

↓

本人もしくは行政書士により在留資格変更申請。

⇒変更許可が下りれば、継続して働くことが可能。不許可の場合、不法就労。

★外国人は保険に入りたがらない

外国人は、得てして、社会保険料や雇用保険料を負担することで、自分の手取収入が減ることを嫌がる傾向にあります。しかし、ここが問題です。もし、保険未加入に合意していたとしても、何らかのタイミングでやはり保険を使いたい事例が発生することがあります。争いが発生すると、たとえ合意があったとしても、保険に加入していない会社が悪いとみなされます。

会社としては、保険加入が自社での雇用条件であることをしっかりと入社の段階で説明する必要があります。

★外国語の労働契約書の整備が不可欠

外国人は、言語や文化、風習が異なることから、日本人よりもさらに誤解が生まれるリスクがあります。日本語が堪能な外国人であっても、日本語の微妙なニュアンスが、話言葉だけでは正しく伝わらないことも考えられます。外国人を雇用する際には、日本語の労働契約書を英語（できれば母国語がベスト）に訳した書類で契約する必要があります。

★外国人は日本人よりも権利意識が強いことを理解すること

これぐらいはわかってもらえる、我慢してもらえると思うのは間違いです。外国人には、日本人以上に働くルールについて適切に説明し、権利を明確にしなければ、いずれ義務を果たさなくなります（よい仕事をしなくなります）。

Q9 求人票と違う条件で雇うときの問題は

A 止むを得ない事情で条件を変える場合は、雇う前に新しい条件を明示した上で合意できれば条件変更は可能です。しかし、虚偽の求人条件で募集することは職業安定法違反となります。

★明示した条件がウソであれば社員は即日辞めることが可能

入社の際、明示された労働条件と実際の条件が異なっている場合には、社員は労働契約を即時解除することができます（労基法15条2項）。

社員「そんな条件聞いていません！」
会社「え、言ってなかったっけ？」

という状況にならないように、求人票の条件を変える際には、入社前に新たな条件を明示し納得したうえで入社してもらうことが大切です（図表16）。

★トラブル防止の対処法―条件が悪くなるパターンこそ労働契約書を作成する

求人票よりも条件がよくなる場合、誰も文句をいう人はいません。トラブルが想定されるのは、何らかの都合により条件を悪化させるケースです。この場合、「口約束」で行ってしまうと、条件を確認する書類が「求人票」のみとなります。

【図表 16　やむを得ない事情で求人と違う条件で雇用する場合の処理方法】

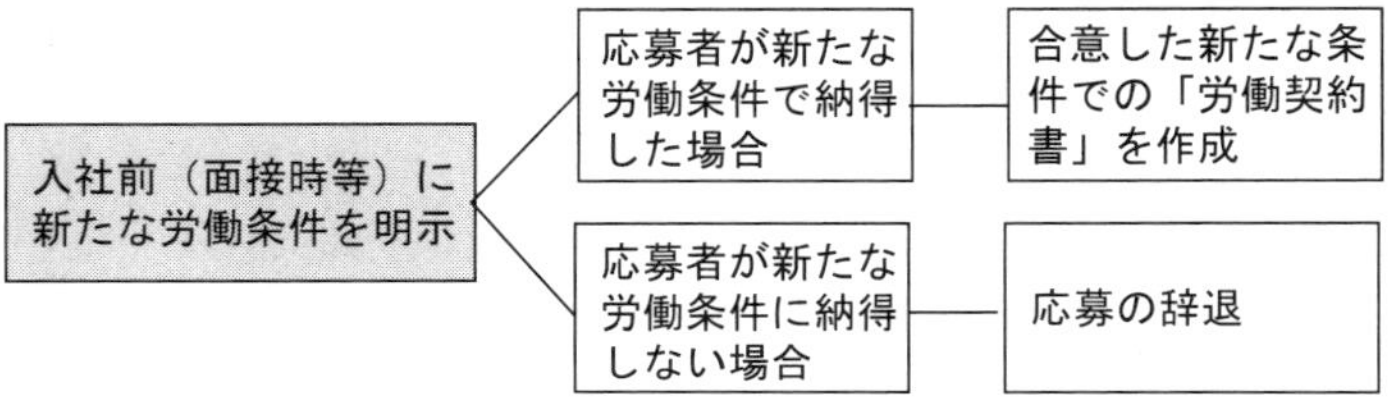

トラブルを防止するためには、新しい条件で両者が合意した証として、「労働契約書」を作成する必要があります。

★内定者の条件変更は慎重に

新卒採用者などに出す採用内定通知も一種の労働契約であると解釈されます。そのため、労働条件を悪く変更する場合（これを不利益変更といいます）には、同意が必要となります。

内定通知をもらったことで、相手方は他社の応募をすべてキャンセルすることもあります。

中途採用の場合には、相手方は内定をもらった後に在籍する職場に退職願を出すケースも多々あります。「こんな条件なら他社にいけばよかった！」といわれてはトラブルのタネです。

★ハローワークの求人は特に注意が必要

近年ハローワークでは、求職者から採用条件に関するトラブル、クレームが多発したことで苦情受付窓口「求人ホットライン」が開設されています。苦情が発生すると事実確認の上、行政指導の対象となりますので、会社には求人票の条件で採用することが求められています。

Q10　入社から14日以内に不採用とするときの問題は

A　たとえ14日以内の不採用（解雇）であっても、合理的な理由が必要となります。ただし、通常の解雇とは違い、14日以内であれば解雇予告や解雇予告手当の支払いが免除されます。

★解雇予告の適用除外となる者

①日々雇い入れられる者（一ヶ月以内）、②二ヶ月以内の期間を定め使用される者、③季節的業務に4ヶ月以内の期間を定めて使用される者、④試の使用期間中の者（14日以内）

★14日以内の合理的な不採用理由とは何か

試用期間での本採用拒否は、通常の解雇に比べ広い範囲で認められます。

しかし、14日以内という短期間では、能力不足を理由に本採用拒否（解雇）することは、中途採用であっても難しいです。なぜなら、能力不足についてはその能力を向上させるために会社がどのような措置を講じたのかということも、重要な判断要素となるためです。

このことから、14日以内の本採用拒否は、能力以前の勤務態度や勤務状況に関わる次のような理由であれば認められる確率が高いといえます。

(1)　無断欠勤、遅刻、早退が多く出勤状況が悪い。

(2) 健康上の問題が発覚した。

(3) 上司に正当な理由なく反抗するなど指示、業務命令に従わない。

【図表 17　試用期間における解雇予告手当の支払例】

●解雇予告手当の支払いルール

予告なく即日解雇の場合	平均賃金×30日分以上
解雇予告はしたが30日以上前ではない場合	平均賃金×予告期間不足日数
30日以上前の解雇予告	支払不要

●平均賃金算出のルール

・平均賃金＝支払うべき事由の発生日以前３か月間に支払われた給料総額÷その期間の総日数

・通常試用期間中の給料と期間は除外します。例外として、試用期間中の平均賃金の算出は次のとおり
平均賃金＝試用期間中の賃金÷試用期間中の日数

■支払例：月給20万円の条件で入社した社員を入社30日後に解雇予告せずに即日解雇する場合
200,000円÷30日＝6,666円66銭…平均賃金
6,666円66銭×30日分＝200,000円…解雇予告手当

★14日を超えると解雇予告が必要になる

入社後14日を超えると、解雇するには30日以上の予告期間が必要となります。これは合理的な理由があったとしても必要です。

予告期間が足りない場合には、不足分の解雇予告手当が必要になります。

★予告手当の支払いと解雇の有効性は全く別の問題

解雇予告手当を支払ったからといって、解雇が有効になるわけではありません。それぞれ別の問題となります。

会社が社員を解雇した場合、解雇予告手当を支払ったとしても、不当解雇で社員から訴えられるリスクが残ることを意味します。

Q11 試用期間中の問題発覚で採用拒否するときの問題は

A 本採用拒否事由を予め定めておき、社員には労働契約を結ぶ入社の段階で説明します。問題発覚後は、どの事由に該当しているかを明確に示し、書面にて本採用拒否を通知します。

★問題発覚による本採用拒否までの作業プロセス

問題発覚による本採用拒否までの手続は、次のようになります。

(1) 会社として最低限守ってもらいたいルール（服務規定）を作成しておく

(2) 社員の入社時（労働契約締結時）に本採用拒否事項を説明

(3) 問題発覚後、必要に応じ指導、注意を実施（※重大な問題発覚については(3)を省略し(4)へ）

(4) どの本採用拒否事項に該当するかを口頭・書面にて説明し、本採用拒否通知書（図表19）を出す

【図表18 本採用拒否の就業規則規定例】

（本採用拒否）
試用期間中の社員が次の各号の一つに該当した場合には、会社は試用期間中ないし試用期間後に本採用を取り消し、解雇することができるものとする。
1 別に定める服務規定を遵守せず、職場の秩序を乱したと認められるとき（※服務規定必要）
2 正当な事由なく3回以上遅刻・早退・私用外出もしくは無断欠勤が再三に及ぶとき
3 精神または身体の不調により業務に耐えられないと認められるとき
4 著しく協調性に欠け他の社員とまったくそりの合わないとき
5 重大な経歴詐称が発覚したとき
6 その他前各号に準ずる程度の公序良俗に反する重大な行為があったとき

【図表 19　本採用拒否通知書の例】

平成○○年○○月○○日

＿＿＿＿＿＿＿＿殿

東京都○○区○○○○－○－○
株式会社○○○○
代表取締役　○○○○　㊞

本 採 用 拒 否 通 知 書

平成○○年○○月○○日、試用期間３ヶ月の条件で貴殿を採用し、当社○○部に配属のうえ試用してまいりました。

しかしながら、試用期間中、就業規則第○○条（※就業規則がない場合ここは労働契約書）に定める以下の本採用拒否事由に該当し、当社社員としての適格性に欠けることが判明致しました。

よって、貴殿を正社員として採用することは出来かねますので、試用期間の終了する平成○○年○○月○○日をもって、貴殿との雇用関係を終了することを、ここに通知いたします。

解雇予告手当の支払いをしたくない場合には
30日以上前もって通知すること

【本採用拒否事由】

以上

事前に通知した事由に該当することを明示する

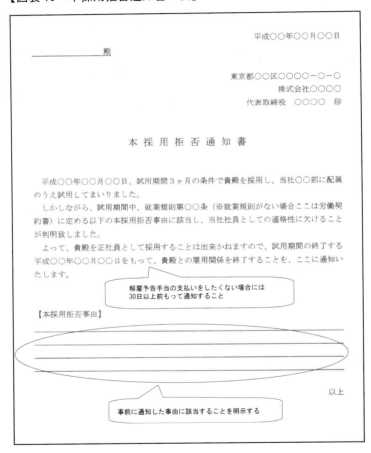

Q12 入社後にウソの経歴が判明したときの問題は

A ウソの内容、程度により、解雇が認められる場合と認められない場合があります。経歴詐称がなければ採用しないような重要な事項のウソの場合は、採用取消し・懲戒解雇が可能とされています。

★懲戒処分の対象とはなっても懲戒解雇に該当するかどうかがポイント

経歴詐称は、会社の秩序違反行為として懲戒の対象になります。

これは、懲戒事由に「経歴詐称が発覚したとき」という事項を入れておけばいいだけなので、簡単です。問題は、その処分として、最も重い処分である「懲戒解雇」を行うかどうかという点です。

経歴詐称が懲戒解雇事由として認められるには、社員の評価、選択を誤らせた重大なものでなければいけません。

具体的には、次の点が判断要素となります。

⑴ 採用の条件に直結するような重要な経歴の詐称か（資格や業務経験年数等）。
⑵ 採用結果に重大な影響を及ぼす詐称内容か。
⑶ 中途採用者であれば経験・能力を見込んだ幹部採用か一般社員採用か。
⑷ 会社の賃金体系を著しく乱す等、経営秩序へ具体的な損害を与えたか。

★懲戒解雇は「極刑」のようなもの

懲戒処分には、口頭注意や始末書の提出、減給処分や出勤停止など様々ありますが、その中で「懲戒解雇」は一番重く、社員にとって「極刑」といえます。

中途採用者を採用する場合、誰もが前職の退職理由が気になります。当然ながら、懲戒解雇者の再就職はきわめて難しくなります（次の会社でウソをつけば、経歴詐称になり、また解雇事由になってしまいます）。

★長期間勤務のあとで判明すると難しい

入社してから何年、何十年も経った後の判明では、過去勤務における功労が考慮されるため、解雇は難しくなります。気づくなら早いうちに、ということです。会社としては、重要な役職者や不安要素のある社員の場合、前職の会社へ問い合わせることも必要です。

★普通解雇や勧奨退職をうまく活用し不当解雇のリスクを減らす

会社としては、感情論を抜きに考えれば、懲戒解雇・普通解雇・勧奨退職の違いは、退職金の支払金額に直結します。勤務年数が長くなればなるほど功労が大きくなります。

万が一の「不当解雇」による訴訟リスクを考えると、普通解雇や勧奨退職で処理したほうが穏便にすむケースもあります。経歴詐称の内容や会社が受けた損害の程度を見極め、厳格な対応をするか温情措置をとるかを判断します。

Q13 外国人不法就労者を雇っていたときの問題は

Ａ 会社が不法就労を承知で仕事をさせていたときは、不法就労助長罪（入管法73条の２）の罪に問われます。罰則は３年以下の懲役もしくは３００万円以下の罰金（またはこれを併科）となります。

★不法就労者は労災保険のみ対象となる

外国人の取扱いは、ややこしく、日本に「居ること」はＯＫでも「働くこと」ができない人がたくさんいます。不法就労者は、「不法」ですので雇用保険には加入できません。しかし、労災保険は、対象になります。不法就労者がケガをしたらどうなるか。業務上の災害で不法就労者がケガをしたらどうなるか。不法就労が発覚すると、本人は強制退去処分の対象になります。そのため、本人は極力隠したいと思います。では、隠したまま会社がケガの治療費や給料を出すかといえばそうでもないはずです。会社、社員ともに法違反を犯しているため、非常にトラブルになる危険があります。

★不法就労者は絶対に雇わないこと

外国人は日本人より低賃金という理由で不法就労者を雇うと、後で手痛いしっぺ返しを食らいます。不法就労者には、不法入国者のようにそもそも働く資格がない人と、資格があったが滞在期限が過ぎた人（オーバーステイ）に分けられます。

最近では、日本で働く在留資格を得るために日本人との偽装結婚を画策するケースもあり、注意が必要です。

【図表20　不法就労者による労務トラブル想定例
①／雇用保険未加入者による損害賠償】

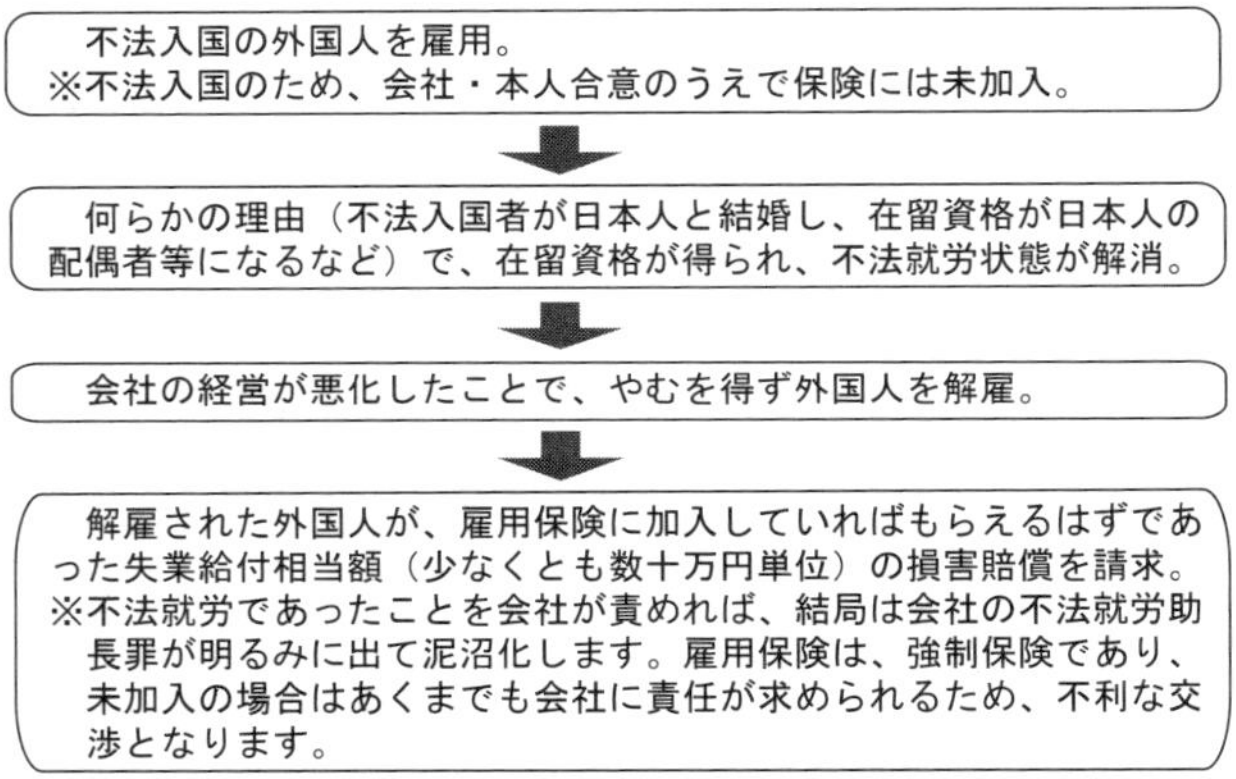
不法入国の外国人を雇用。
※不法入国のため、会社・本人合意のうえで保険には未加入。
何らかの理由（不法入国者が日本人と結婚し、在留資格が日本人の配偶者等になるなど）で、在留資格が得られ、不法就労状態が解消。

会社の経営が悪化したことで、やむを得ず外国人を解雇。

解雇された外国人が、雇用保険に加入していればもらえるはずであった失業給付相当額（少なくとも数十万円単位）の損害賠償を請求。
※不法就労であったことを会社が責めれば、結局は会社の不法就労助長罪が明るみに出て泥沼化します。雇用保険は、強制保険であり、未加入の場合はあくまでも会社に責任が求められるため、不利な交渉となります。

【図表21　不法就労者による労務トラブル想定例
②／労災事故発生による金銭補償】

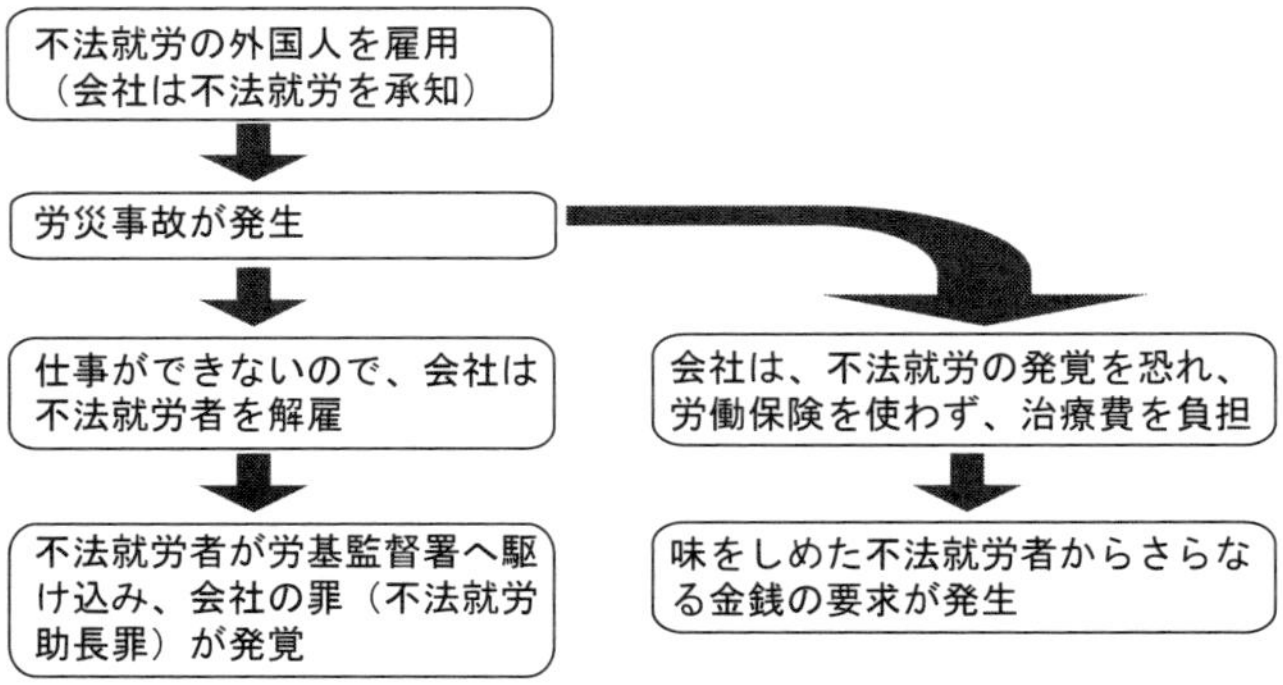
不法就労の外国人を雇用
（会社は不法就労を承知）
労災事故が発生
仕事ができないので、会社は不法就労者を解雇
不法就労者が労基監督署へ駆け込み、会社の罪（不法就労助長罪）が発覚
会社は、不法就労の発覚を恐れ、労働保険を使わず、治療費を負担
味をしめた不法就労者からさらなる金銭の要求が発生

Q14　労働契約書の内容と入社後の内容が違うときの問題は

Ａ　いったん決定した労働条件を会社が一方的に変更することはできません（契約法９条）。ただし、社員の同意があれば変更することはできます。

★同意がなければ契約書に定めた条件を保障する義務がある

約束を守ることは、労務トラブルをなくすうえでの最低条件です。どんな理由であっても、約束を破ることは、極力なくすようにしなければいけません。

単なる事務上のミスであったとして、条件変更に社員から合意が得られたとします。トラブルは回避されたとしても、その社員のモチベーションが下がることになります。

★労働契約書のサンプルを流用するときは要注意

図表22は、サンプル流用時の落とし穴の例です。実はサンプルには至るところに落とし穴があるので、細かくチェックし、自社に合った内容に改良を加えて利用すべきです。

★変更した条件で合意が得られたら、新しい条件の契約書を必ず結ぶこと

何らかの理由で条件を下げる場合には、必ず「合意」の証明として、新しい条件を記載した労働

【図表22　サンプル流用で起こりがちな落とし穴の例】

非課税限度額は、15万円です。小規模の会社でもっと低い金額に設定したいときは、具体的な金額を記載しましょう。

賃金	基本給　○○○○円 諸手当 ○○手当　○○○円 ○○手当　○○○円 合　計　○○○○円	※通勤手当は、非課税限度額を限度として、実費を支給する。
昇給	毎年４月	

必ず昇給することが前提になった条件になっていませんか。「ただし、業績が悪い場合には行わない」のフレーズを入れることで、柔軟に対応できます。

契約書を作成します。面倒ですが、トラブルを予防するためには必要な作業です。

★個人の問題か会社の問題かを見極める

就業規則は、個人の労働契約書に比べ優位性があります。

交渉の結果、ある社員から合意が得られ新しい労働条件で契約を結んだとしても、就業規則の内容によっては、その契約自体が意味をなさないことも考えられます。

就業規則が既にある会社は、個人の契約の問題なのか会社全体の問題なのかを見極める必要があります。

★合意なく変更すると未払賃金となる

賃金を同意なく下げた場合、当然に以前の賃金との差額が未払賃金となってしまいます。

3

給料をめぐる問題と対処法

Q15　仕事を覚えるまでは安い給料にするときの問題は

Ａ　前もって求人票に記載していれば、問題ありません。その際に、最低賃金を下回らないように、注意する必要があります。

★最低賃金は常にチェックすること

どんなに仕事ができなくても、また未経験者であっても、都道府県または産業別の最低賃金以上の給料を支払う必要があります。

現在の最低賃金は、東京都の９０７円が最高、沖縄県等の６９３円が最低（図表23）となっていますが、毎年上昇傾向にあります。

最低賃金未満の金額で契約した場合は、仮に労働者と使用者が双方合意の上であっても、それは法律によって無効とされます。また、労働者に最低賃金未満の賃金しか支払っていない場合には、使用者は労働者に対してその不足する差額を支払わなくてはなりません。

★最低賃金の適用除外者

次にあげる対象者は、労基監督署からの許可を得ることで、特例として最低賃金の対象外とすることが可能です。試用期間中の社員も対象ですので、検討する価値はあります。

【図表23　地域別最低賃金の具体例】

平成28年３月時点

地域	最低賃金	地域	最低賃金
北海道	764円	神奈川県	905円
東京都	907円（最高額）	大阪府	858円
千葉県	817円	沖縄県	693円（最低額）

(1) 精神または身体の障害により著しく労働能力の低い者。
(2) 試の使用期間中の者。
(3) 基礎的な技能等を内容とする認定職業訓練を受けている方のうち厚生労働省令で定める者。
(4) 軽易な業務に従事する者。
(5) 断続的労働に従事する者。

★未経験者の雇用にはトライアル雇用の活用を

ハローワークからの求人募集では、未経験者向けの助成金として「トライアル雇用奨励金」があります。

３か月の試用期間で双方のマッチングを図り、原則として最大12万円(月額４万円×３か月) が支給されます。支給要件も比較的緩やかであり、使い勝手もよいので十分検討する価値はあります。対象者例はハローワークの紹介日において、就労の経験のない職業を希望する人等です。

注意点としては、ハローワークにトライアル雇用対象としての求人を出すこと、ハローワークに認められた人が対象となることです。例えば、その道のベテランの方が同業他社へ転職する場合は、対象者とはなりません。未経験もしくは経験が少ないことが要件となります。

Q16　外部研修中の給料支払いをやめるときの問題は

Ａ　会社の業務命令の場合、その時間は労働時間となり給料の支払いが必要です。
あくまでも自由参加であり、不参加でも不利益な扱いを受けない場合には、研修中の給料の支払いは不要となります。

★研修中の残業代の支払いは

月給者や日給者が通常の勤務時間に外部研修に参加する場合は、欠勤控除をせずに通常の給料を支払うだけですので、あまり問題にはなりません。

問題は、参加する研修が労働時間であり、かつ、その研修が時間外に実施された場合です（図表24）。この場合には、当然ながら残業代の支払いが必要となります（図表25）。

★トラブル防止のポイント

給料の支払いをやめる場合のトラブル防止のポイントは、次の点です。

(1)　労働時間にしたくないのであれば図表24の要求事項を満たすこと。

(2)　研修時間中の取扱いを社員に対し事前に説明すること。

【図表 24　外部研修中の労働時間の考え】

●労働時間となる ※右のいずれかにあてはまる場合 ⇒給料の支払いが必要	・会社の業務命令、指示で参加する ・参加すると人事考課に影響がある ・不参加の場合、欠勤、遅刻、早退扱いとなる ・参加しなければ、業務遂行に支障が出る ・欠席する場合、上司への報告が必要となる
●労働時間とはならない ※右の条件をすべて満たす場合 ⇒給料の支払いは不要	・参加は完全な自由参加形式 ・不参加であっても何ら不利益な取扱いはない
●影響のない項目	・参加費を会社で補助している

【図表 25　外部研修中の残業代計算例】

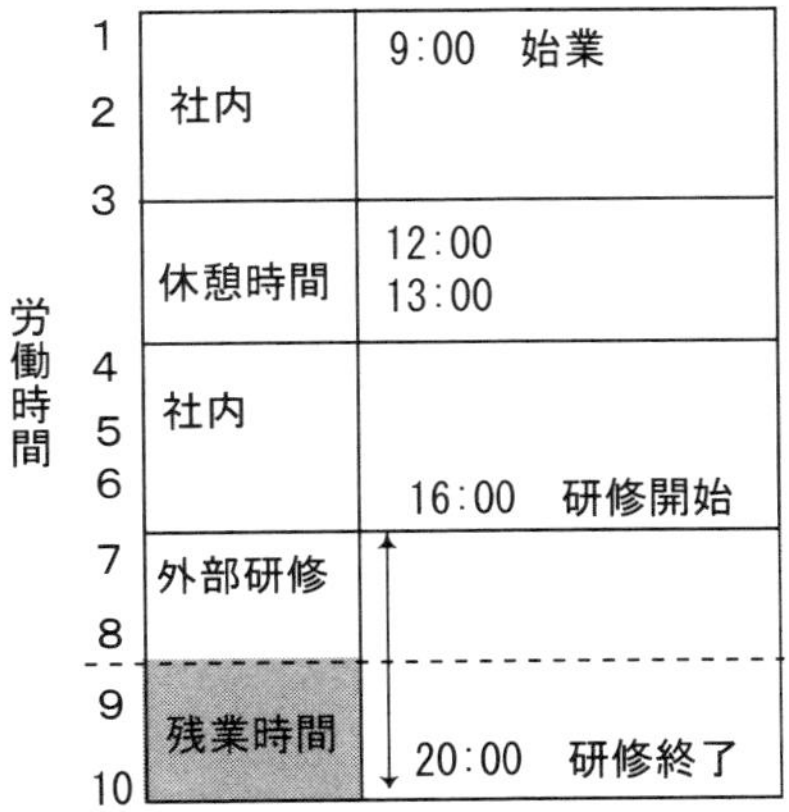

●9:00〜18:00が定時で、16:00〜20:00の外部研修を受講。

● 2時間分の残業代の支払いが必要。

Q17　出張中の移動時間の給料支払いをやめるときの問題は

A　出張中の移動時間は、労働時間ではなく、給料支払いは不要です。ただし、物品や重要書類等を移動するなど移動自体が目的の場合は、労働時間となり、給料の支払いが必要です。

★みなし労働時間の利用

会社の外で仕事をする場合には、何時間働いたのかがわからない場合があります。こうした場合に、通常の労働時間勤務したとみなす制度を「みなし労働時間制」といいます。出張についても、時間把握ができない際には、就業規則に定めることで、みなし労働時間制を利用することができます（図表26）。

★時給者の取扱いの問題

月給者と違い、時給者は、移動時間が労働時間から除外されると、非常に給料が少なくなります。労働時間の把握が困難であれば、みなし労働時間（通常その時給者が働く時間）労働したものとします。逆にいえば、労働時間を把握できれば、実際の労働時間の時給だけで済みます（図表27）。ただし、時給者にとってはかなり不利な条件となります。

誤解があるとトラブルになり、また、その場は納得したとしてもモチベーションに悪影響があり、

【図表 26　出張者の労働時間の就業規則規定例】

（出張者の労働時間）
　出張中の移動時間については、原則として労働時間とはみなさないものとする。ただし、移動時間中に処理すべき業務につき特段の指示がある場合にはこの限りでない。
２　出張者の労働時間の把握が困難な場合には、所定労働時間労働したものとみなす。

【図表 27　時給者の出張時の取扱い例】

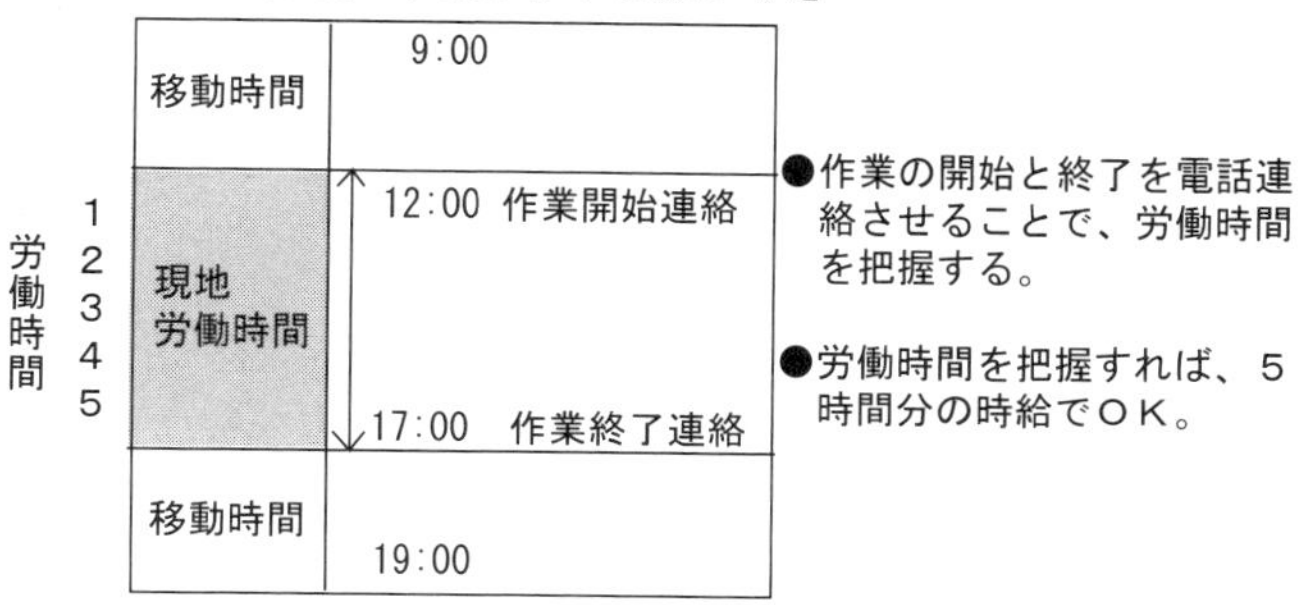

離職要因にもつながることを認識する必要があります。

★移動日が休日の場合

　監視もなく労働から解放された状態であれば、休日であっても移動時間については労働時間ではなく、給料支払いは不要です。

★出張手当の取扱い

　会社に支給義務はありません。支給する場合は、金額により所得とみなされるかどうか（課税対象となるかどうか）が変わります。

　非課税として扱う場合は、税務署へ確認が必要です。

Q18　勝手に残っている社員の残業代支払いの問題は

A　会社が労働時間ではないことを証明できれば、残業代の支払いは不要です。ダラダラ残業防止のために、残業は上司の指示や本人申請を許可したときに限定する「許可申請制」にします。

★タイムカード管理の注意点

「許可申請制」にしたとしても、タイムカードで許可していない残業時間の記録があったらどうなるでしょうか。タイムカードの時間＝労働時間とは限りません。会社は、許可していない時間分は、当然残業と認めたくありません。

争いになった場合には、どうしてもタイムカードは重要な証拠となります。そのため、会社側としては、タイムカードの時間が労働時間でないことを証明する必要があり、次の点に注意しなければいけません。

(1)　申請書が適切に作成・保管されているか。図表28の申請書（証拠）がなければタイムカードが優先されます。

(2)　必要な残業は認めているか。制度自体が機能していなければ認められません。

(3)　申請のないサービス残業を上司が黙認していないか。状況証拠によりタイムカードが優先される恐れがあります。

【図表28　残業許可申請書の例】

残 業 許 可 申 請 書

平成　　年　　月　　日

		上長	申請者
氏名			

残業実施予定日時
平成　　年　　月　　日　　時　　分 ～　　時　　分まで（　　時間　　分）

・残業の必要な理由
上長の指示（指示者氏名　　　　　）／　本人申請
・具体的内容

本人申請の場合、特に予定時間との差異がないか上司に確認する。

・残業実施報告
平成　　年　　月　　日　　時　　分 ～　　時　　分まで（　　時間　　分）

備　考

予定と大幅な差異がある場合は、理由を明記する。

(4)　あまりにもタイムカードとの時間に乖離が生じていないか。

そもそも指示も許可もないのに会社に残らせていることが問題です。サービス残業を禁止し帰らせるようにします。

★ダラダラ残業を放置しないこと

残業許可申請制を採用したとしても、ダラダラ残っている社員のタイムカードがあれば、結局それは会社にとってはリスクです。上司は、きちんと労働時間を把握し改善させるべきです。

★能力の問題でどうしても仕事が遅いときは

能力があり残業が少ない社員との公平性を保つために、能力査定で差をつけ賞与などで調整します。

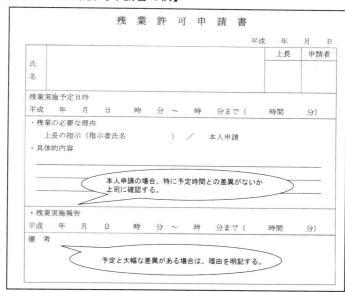

Q19　給料引下げを行うときの問題は

A　給料引下げ等の不利益変更は、社員の同意がなければできません。実施する際には、引下げの必要性につき、客観的に納得できる理由を明示し同意を得る必要があります。

★同意はすべての社員からもらう必要があるか

自社に労働組合がある会社は、組合との団体交渉を経て労働協約（組合と会社が書面で交わした約束事）を締結することで、組合員全員へ変更の効力を発揮します。

労働組合がない会社は、原則として全員の個別同意が必要になります。図表29の賃金改定に関する同意書を参照してください。

★一部の反対者がいたときは

就業規則の変更で給料引下げを行い、大部分の社員は同意したものの一部の社員が反対した場合は、合理的な理由があれば反対者にも効果が及ぶとされています。変更内容が合理的かどうかは変更の内容、変更する必要性、交渉の経緯、他の社員の状況などにより判断されます。

裁判においてはやはり認められない割合が多く、会社としては極力全員から個別同意を得るように努力する必要があります。

【図表 29　賃金改定に関する同意書の例】

賃金改定に関する同意書

株式会社○○○○
代表取締役　　　　殿

経営状況の悪化に伴う賃金制度の改定につき、貴社から平成　　年　　月　　日説明を受け、以下の通り改定されることについて異議なく、同意します。

【　改定後月額給与内訳　】

細かい金額まで明記する

基本給	円
○○手当	円
○○手当	円
○○手当	円
合　計	円

【　改定時期　】
平成　　年　　月支給の賃金から改定

いつから変更するかも
必ず明記する

年　　月　　日

パソコンの印字ではなく
本人の署名と捺印をもらう

氏　名　　　　　　　　㊞

★就業規則は個別労働契約より優位

個別の労働契約と就業規則では、就業規則に優位性があります。

そのため、就業規則（賃金規定）の内容を変更し、その変更に対して個別の同意を得るのが正しい手順です。

★給料引下げは最終手段

給料の引下げを行う前に、必ず次の事項を実施する必要があります。打つ手を打ってこそ、同意は得られます。

(1)　役員報酬のカット
(2)　残業の抑制
(3)　賞与の減額、カット
(4)　人件費以外の経費削減

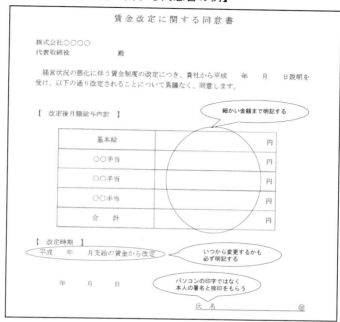

★手当の支給有無であれば可能

基本給を下げることはなかなか難しいといえます（基本給に退職金が連動していればなおさらです）。しかし、手当を支給基準に則ってカットすることは、合法です。

例えば、重要な職務を担当する社員に「特殊勤務手当」を支給するとします。会社の方針変更で当該業務をやらなくなった場合や、人事異動で本人が違う業務に従事することになれば、当然に手当のカットが可能となります。むやみやたらと手当を増やすのも問題ですが、現実的な運用策の1つといえます。

★幹部クラスには昇給ではなく給料の洗替えシステム

会社の業績がよくなければ昇給はできません。現状維持も困難となります。業績に対する責任は社長以下役員が最も重いといえますが、その他の幹部社員にも当然責任があります。

年俸制に代表されるように、昇給だけではなく降給もあり得るシステムにする必要があります。その際に重要なポイントは、どの程度の成果でアップするのかダウンするのかの基準を明確化すること（できれば客観的な数値で評価できればベスト）です。基準もないまま、業績が悪いのであなたの給料は下がりますといっても、とても同意は得られません。

いきなり年俸制を導入するのが難しければ、賞与を業績連動システムとする、あるいはある手当を業績評価によって毎年アップダウンさせる給料体系にするなど、部分的な導入にすることも考えられます。大事なのは、公平性を保ったうえで下げることが可能な給料システムです。

Q20　営業マンの給料を完全歩合制にするときの問題は

Ａ　歩合制給料の場合、通常の６割を保障給として支給しなければならず、１００％の完全歩合制は不可能です（労基法27条）。

★保障給６割の考え方

法律上の定めはなく、会社と社員で話し合って決めるべき事項です（図表30）。

ただし、休業手当の支給額が平均賃金の最低６割となっているため、保障給の最低基準も同じ６割と解釈されています。６割の基となる賃金は、平均賃金を利用することで問題ありません。

★最低賃金にも注意すること

設定した保障給が、実際の労働時間×最低賃金単価を下回ると法違反、ひいては労務トラブルの原因となりますので注意が必要です（最低賃金についてはＱ15参照）。

★賞与は完全歩合制が可能

賞与は、通常、いくら払うのかが決まっていないものです。歩合給や成果給を自社に取り入れたいのであれば、生活保障の意味合いの強い月例給与よりもまずは賞与に手をつけるべきです。

【図表 30　歩合制の保障給設定例】

●保障給＝最低賃金×月間所定労働時間　とします。

東京都の最低賃金（907円）、月間所定労働時間を176時間として設定すると、次のとおりとなります。

保障給＝907円×176時間＝159,632円⇒端数を処理し、160,000円

従来、220,000円の月給者をモデル社員として設定金額を導入すると、

160,000円＞220,000円×60%＝132,000円　となり、保障給の６割基準もクリア。

後は、歩合給の区分や計算式を独自に設定するだけです。

このときに、標準レベルの営業成績をあげた場合の月額給与の合計が、他の職種と同レベルになるように設定する必要があります。

★社員の身分でなければ完全歩合はＯＫ

自社商品の営業代行として営業をアウトソーシングすれば完全歩合も可能です。

ただし、この場合には、相手方を事業主として扱うことになります。

当然、労災保険や雇用保険といったセーフティネットもなくなるため、従来、社員として働いていた人を請負契約に変更するのには無理があります。

★自社の雇用形態を改めて検討してみる

事業を展開していくうえで、何も自社雇用がすべてではありません。

特に、設立間もない規模の小さな会社では、自社雇用よりも外部パートナーを活用するほうがリスクを低減できます。

社員でしかできないこと、外注先でもできることを洗い出し、コストと相談しながらどの雇用形態を活用するかを選定していくことが必要です。

Q21 感染症にかかった社員の自宅待機中の給料支払いの問題は

A ケースバイケースで60％の給料保障（休業手当の支払い）をする必要があります。原則として、保健所等の行政指導の範囲であれば、給料は不要となります。

★休業手当支給についての判断基準

休業手当は、あくまでも「使用者の責に帰すべき事由」（簡単にいうと会社の責任）による休業の場合に支払義務が生じます。問題は、その責任範囲がどこまでなのかという点です。

図表31のとおり、医師や保健所の指導の範囲で休業させる場合には会社の責任は問われず、休業手当の支払いも不要と解釈されています。

★現実的な対処法

本人が感染した場合はともかく、家族が感染した場合に保健所等の指導が速やかに行われるかというとそうでもありません。

この場合には会社独自での自主的な判断が必要となり、①休業手当を支払うか（図表32）、②有給休暇として取り扱うかどちらかです。

また、感染の疑いがある社員については、必ず検査を行い、感染が拡大しないように注意します。

【図表 31　感染症対応による休業手当の支払義務】

休業手当支払義務なし	休業手当支払義務あり
・感染症にかかっているかどうかわからない時点で、何らかの症状があるため、社員が自主的に休む場合 ・医師や保健所による指導により社員が休業する場合 ・家族が感染症に感染している社員について、濃厚接触者であることなどにより、保健所による協力要請等に基づき、社員を休業させる場合	・医師や保健所による協力要請の範囲を超えて（外出自粛期間経過後など）休業させる場合 ・医師や保健所の指導や協力要請がない段階で、使用者の自主的判断で休業させる場合

【図表 32　休業手当の計算例】

●家族が感染したことで、会社独自の指示で7日間の自宅待機をさせたと仮定。
●モデル賃金として月給22万円、１日あたりの欠勤控除単価を１万円とします。
●過去３か月間の月給も22万円、暦の総日数は90日とします。
●休業手当として、60%を支給します。

■平均賃金＝過去３か月間の給料総額÷その期間の暦の総日数
　　＝220,000円×３か月÷90日＝7,333円33銭（銭未満切捨て）
■欠勤控除額＝10,000円×７日間＝70,000円
■休業手当＝7,333円33銭×60%×７日間＝30,800円
★月給合計＝220,000円－70,000円＋30,800円＝180,800円

Q22 休日出勤不要の社員が出勤したときの問題は

A 会社が出勤していることを黙認し、かつ、タイムカード等で出勤した記録が残っていれば、労働時間と見なされる可能性があり、労務トラブルの要因となってしまいます。

★放置せずに改善指導を行う

口頭、そして文書にて、きちんと改善指導を行い、強制力をもって出勤させないことがポイントとなります。そのために、服務・懲戒規定に図表33の事項を入れておきます。

★出勤不要者の出勤対処法フローチャート

事態が発生した場合には、まずは実態調査を行い、その休日出勤が不要な労働であることを確認することが必要となります。

そして、図表33の規定例にもあるように、懲戒処分の対象行為は休日出勤したことではなく、「会社の指示命令に従わないこと」とします。

会社は、社員の安全・健康に配慮する義務があり、適切に休日を与えることも健康管理の1つです。また、不要な休日労働で事故（労災）が発生する恐れもあるため、勝手な行動は処分対象となり得ます。図表34のフローチャートで流れを理解しておきましょう。

【図表33　服務心得の就業規則規定例】

（服務心得）
社員は、常に次の事項を守り、業務に精励しなければならない。
1　決められた勤務シフトを守り、常に健康に留意し、良好な心身状態で勤務するよう努めること
2　正当な理由なく、無断で時間外労働、休日労働を行わないこと
3　会社の指示命令に従い、時間を守り、与えられた仕事を迅速かつ正確に処理すること

（懲戒処分）
社員が次の各号の一つに該当した場合には、懲戒処分を行うものとする。
1　会社の指示命令を正当な理由なく無視または反対し、職場の秩序を乱し、業務を妨害したとき

【図表34　出勤不要者の出勤対処法フローチャート】

事前準備	・就業規則等の服務規定・懲戒処分規定に改善指導を行うための根拠事項を規定しておく。
実態調査	・人が足りない、業務上必要な仕事がある等、休日出勤に正当な理由があるのかどうか現場の実態調査を実施。
改善指導	・口頭注意で改善しない場合には、服務規定違反として改善指導を書面で実施。
処分対象	・改善指導でも状況が改善しない場合には、会社の指示命令違反として懲戒処分を実施。

4 サービス残業の問題と対処法

Q23　サービス残業が生じたときの問題は

Ａ　金銭的に非常に大きなリスクを抱えてしまうことが、一番の問題です。また、サービス残業が定常化してしまうと、社内の雰囲気も悪くなり、社員のモチベーションの低下にもつながります。

【図表35　サービス残業が抱えるリスク】

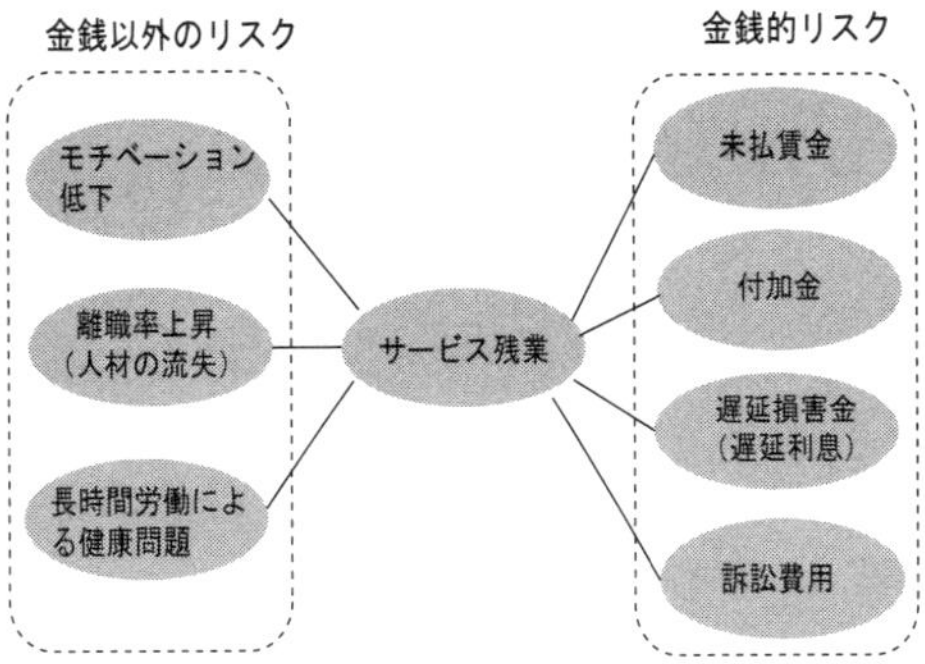

★労働時間管理が今後の最重要課題

サービス残業が定常化すると、図表35のとおり多くの金銭的リスクを抱えます。

また、当然長時間労働の問題にも発展するため、結局は労働時間を今後どのように管理していくかが、最重要課題となります。

作業工程の見直しによる業務効率化、事務作業のマニュアル化、無駄な会議の解消など、とにかく今の仕事を少しでも短時間で完了させるにはどうしたらいいかを会社全体で取り組み検討します。

適正人員数の兼合いもありますので、要は残業代を出しても利益が出る体質を目指すことです。

【図表36 サービス残業の金銭的問題の中身と具体例】

① 未払残業代
・裁判により未払残業が認定されれば、その未払額について支払うこととなります。
・未払残業代の時効は、２年間。在職・退職は、関係ありませんので、退職後に２年間遡って請求されるケースが大半です。

② 付加金
・裁判所が必要と認めた場合に、未払残業代と同額を上限とし、支払命令が出されるペナルティです（労基法114条）。
・①の残業代とは別途支払う羽目になります。つまり、サービス残業は、「倍返し請求」であることを理解する必要があります。

③ 遅延損害金（遅延利息）
・未払残業代と付加金には利息がかかります。これを遅延損害金（遅延利息）といいます。
・未払残業代に対する利率は、在職中であれば年６％ですが、退職日以降は年14.6%となります。
・付加金に対する利率は、年５％で、確定判決日が起算日となります。

④ 訴訟費用
・当然裁判になれば、会社側も弁護士に頼む必要が出てきます。着手金＋成功報酬（どれだけ請求された残業代を軽減できたか）で、少なくとも数十万はかかります。

【具体例】
●毎月３万円相当のサービス残業があり、かねてから不満をもっていた３名の社員が退職。
●退職後、過去２年間の残業代＋付加金の請求があった。
●裁判の結果、全面的に元社員の主張が認められてしまった。
30,000円×３名×24か月＝2,160,000円…未払残業代
付加金として同額の　2,160,000円
結果、会社負担は合計　4,320,000円
※上記金額に訴訟費用と遅延損害金が加算されることになります。

※本書では、中小企業を対象とし、わかりやすさを重視するため、平成22年４月１日施行の改正労基法による割増賃金率の影響は割愛しています。

Q24 残業代を固定で支払うときの問題は

Ａ　直接的なコストカットにはなりません。導入するには、何時間分を固定的に支払うのか明確にする必要があります。また、設定時間を超えれば、不足分の残業代を追加で支払う必要があります。

★口約束だけの場合は注意

口約束で、何時間の残業代を含むとするだけでは不十分です。争いになれば、残業代を含んでいる証明が何もなく、負けることは明らかです（図表37）。

労働契約書や就業規則を早急に整備する必要があります。

★残業単価が下がる↓不利益変更に当たるため注意する

導入に際し、図表38のように給料の総額をキープする場合、残業単価が下がります。結果、不利益変更になり、同意が必要になります。

総額を若干アップさせる等の工夫が必要です。

【図表37　これでは意味がないダメなパターン】

基本給に残業代を含む
・残業代と基本給の金額区分がないからダメ　×
・金額区分がわからなければ残業単価が不明瞭なのでダメ　×
・何時間分の残業を含んでいるかが明確でなければダメ　×
・このケースは口約束でやっている場合が多いのでダメ　×

不明瞭な手当を残業代相当として支給
・就業規則、賃金規定においてその手当が固定的に支払う残業手当であることが明記されていなければ無意味　×
・明記されていたとしても、「定額残業手当」等の名称にしなければ、残業代の基礎賃金とみなされてしまう（残業単価の上昇要因となる）恐れがある　△

【図表 38　固定残業代の支払いが否認されるリスク（口約束のリスク）の具体例】

●会社側は、入社時に「１日１時間の残業代を含むもの」として給料を設定。入社時には、労働契約書を交わさず、口約束のみ。
●給料は、基本給のみで30万円。１時間を超えても残業代は支給していなかった。
●１日８時間、月間21日稼働とし、月の所定労働時間は８時間×21日＝168時間と仮定。
⇒実際には、毎月30時間の残業があり、１年間勤務後、退職し、未払残業代を請求

＜未払賃金の算出＞
①　残業単価⇒300,000円÷168時間×1.25倍＝2,233円
②　未払残業代⇒2,233円×30時間×12か月＝803,880円

＜本来の対処法で計算するとこうなります＞
基本給と残業代を明確に区分する（逆算計算し残業代を設定する）
・設定したい時間は、１日１時間×21日＝21時間／月
・例えば、40,000円を残業代とすると、基本給は残りの260,000円
この場合、残業単価は、260,000円÷168時間×1.25倍＝1,935円
よって　1,935円×21時間＝40,635円。
若干不足するので調整し、残業代は41,000円と設定
259,000円÷168×1.25＝1,928円
1,928円×21＝40,488円＜41,000円

＜未払額を再計算＞
毎月21時間分は、すでに支払済であることが証明できるので、残りは月９時間分。
さらに、残業単価も変化しているため、次のとおり。
⇒1,928円×９時間×12か月＝208,224円…（約60万円も差が発生）

給料明細の表示
・基本給　300,000円

こう変える ⇒

給料明細の表示
・基本給　259,000円
・定額残業手当　41,000円
・合計　300,000円

★間違った運用で会社側が負ける裁判例が増えているので注意が必要

定額残業代制度ですが、ここ数年で導入する企業が増えて認知度も高くなってきています。

しかし、間違った制度設計・運用をしているケースも増えており、労務トラブル、定額残業制度に関わる裁判事例も比例して増えてきています。制度を導入する場合は、制度設計面そして制度の運用面それぞれで次の点（図表39）に注意し、厳格な運用が求められます。

★部署ごとにルールを変える場合の弊害・デメリット

固定残業制度は、全ての社員に一律同じルールを適用しなければいけないわけではありません。例えば、残業が多い営業部はこの固定残業の制度を適用し、残業が少ない総務部は通常通りのルールで残業代を支払うといった部署ごとにルールを変えることも法的には可能です。しかし、この場合には次のような弊害・デメリットが生じます。

① 残業代を除いた基礎賃金の割合や範囲が部署ごとに違い、1時間働いたときの時給単価（残業単価）に差が生じてしまい、結果として不公平になる。

② 給与体系が同じ社内で違うことになり、配置転換（部署異動）がしにくくなる。

★説明不足や理解不足は社員からのクレームの原因

新しく制度を導入する際には、しっかりと社員に説明し理解してもらわないと、残業代の計算がおかしい、というクレームが発生してしまいます。実際の具体例をもとに説明する必要があります。

【図表 39　定額残業制度を導入する際の注意】

【制度設計面での注意点】

1. 通常の給与と定額残業代の金額を明確に区分し、いくらが定額残業代なのか区別しておくこと
2. 定額残業代の金額を分けるだけではなく、その分けた金額が何時間分の残業代であるのかを計算根拠をもとに明確にしておくこと
3. 時間外労働の設定時間は原則45時間以内にすること
　時間外労働には健康面を考慮し限度基準が設けられています（原則1ヶ月45時間。ただし建設業など一部例外の業種は除く）。

　時間外・休日労働届（36協定）もこの限度時間を基準に作成しますので、設定時間もこの45時間に収めておくべきです。
4. 就業規則にて制度を明記し、労働契約書･給与明細に金額を明記すること
・定額残業代制度を導入するには就業規則にてきちんと制度を規定し、そして、社員と個別に結ぶ労働契約書にも定額残業代の項目を明記しておく必要があります。また、当然、毎月支給する給与明細書にも明記しておく必要があります。
5. 手当の名称は一目で残業代とわかるものにしておくこと
・名称についても、誤解を与えないように「定額残業手当」、「固定残業手当」、「みなし残業手当」といった一目で残業代とわかる名称にしておくことが無難です。

【運用面での注意点】

1. 就業規則を変更する場合は個別に同意を得ておくこと
・就業規則を作成、変更し新しく制度を導入する場合、大半が労働条件が悪化する不利益変更となります。
　よって社員それぞれから個別の同意を得ておく必要があります。
2. 労働時間をしっかり把握・管理すること
・定額残業代制度を導入したからといって、労働時間の管理をしなくていいわけではありません。むしろ、設定した枠内に収まっているかを把握する必要があるため通常よりも注意が必要です。
3. 設定時間を超えた人には超過分の残業代を別途支払うこと
・当たり前のことですが、設定時間を超えた場合は不足額を支払う必要があります。

Q25 部長・課長・店長には残業代を払わないときの問題は

Ａ　実態として権限のない「名ばかり管理職」には、残業代の支払いが必要です。また、法律で定められる管理監督者でも、深夜労働（午後10時～翌朝5時まで）には割増賃金が必要です。

★管理監督者として認められるポイント

管理監督者として認められるポイント（人事権、裁量権、そしてふさわしい待遇）は、次のとおりです。

(1) 労働時間、休憩、休日等に関する規制の枠を超えて活動せざるを得ない重要な職務内容を有していること。

(2) 労働時間、休憩、休日等に関する規制の枠を超えて活動せざるを得ない重要な責任と権限を有していること。

(3) 現実の勤務態様も、労働時間等の規制になじまないようなものであること。

(4) 賃金等について、その地位にふさわしい待遇がなされていること。

(1)、(2)の具体的な内容としては、労務管理を行う立場にある者であって、「部下がいない課長」などは管理監督者性が否認される傾向があります。

(4)については、一般社員と管理職で明確な賃金差がなければならず、逆転現象があってはいけな

【図表 40 日本マクドナルドの事例】

日本マクドナルドの事例（東京地裁・平成20年１月28日）
・日本マクドナルド現役店長が、管理監督者性を争点に、未払残業と慰謝料に関して訴えを起こした事例。 ・店長には、アルバイトの採用、時給の決定権限など、一定の権限があることは認めるものの、労働基準法上の管理監督者にはあたらない。 ・１審判決では、管理監督者性を否定し、日本マクドナルドに対して、割増賃金として503万円、付加金として251万円の支払いを命じた（その他慰謝料300万円は認めずに棄却）。 ・判決後、日本マクドナルドは控訴したが、裁判所は、和解を勧告し、和解。 ・和解内容は、１審の判決内容に沿ったものであり、さらに訴訟を起こしたことを理由として、本人を降格、配転、減給等の不利益取扱いをしないことも盛り込まれた。

いとされています。

★対処法として、管理職も残業代対象として残業代相当額の高額の定額残業手当を設定

正直なところ、現在の基準で管理監督者として認められる社員は、きわめて少ないといえます。

中でも、労働時間について自由裁量権（出退勤に厳しい制約がないこと）を認められているのは、役員クラスの一部の人だけです。とすれば、仮に管理監督者として否認された場合を見越した対応が必要となります。

一案としては、管理職も残業代対象とし、残業代相当額を定額残業手当として設定し支給するやり方です。

課長、部長といった役職者は通常の給与も高く、管理監督者性がもし否認された場合には会社がうけるダメージが大きくリスクが高いといえます。

図表40は「名ばかり管理職」のきっかけとなった、日本マクドナルドの事例です。

Q26　残業代の計算方法を間違っていたときの問題は

Ａ　不足額が生じた場合、サービス残業と同様、未払賃金になります。監督署の調査や社員からの指摘で発覚することが大半です。

★計算間違いベスト３

計算間違いベスト3は、次のとおりです。

(1)　割増単価を出す際の諸手当の算入ミス

基本給だけが割増賃金の基礎賃金ではありません。除外できる手当は、法律（労基法37条5項、労基則21条）で図表42の7つに限定されています。よってこれら以外の手当を除外して割増単価を低くすることは法違反となります。

(2)　毎日の端数時間切捨て

「ウチの会社は、毎日30分未満の残業は切捨処理」というのは違法です。あくまでも毎日の時間カウントは1分単位です。ただし、月間合計時間を四捨五入するのは問題ありません。

(3)　所定労働時間の超過

（基本給＋諸手当）÷月間所定労働時間×割増率が残業単価を出す計算式です。ここで分母にくる所定労働時間が多いと残業単価が不当に低くなります。

【図表41 特例対象事業場の残業の考え方】

時間外労働（残業）とはならない

曜日	月	火	水	木	金	土
１日の労働時間	８時間	８時間	８時間	８時間	８時間	４時間
週合計労働時間	８時間	16時間	24時間	32時間	40時間	44時間

◇時給者は実労働時間がベースになるのでメリットなし。月給者にメリットあり。
◇例えば、月給20万円、月平均168時間労働の社員が上記シフトで労働した場合
・残業単価　：200,000円÷168時間×1.25＝1,489円
・週の残業代：1,489円×４時間＝5,956円
⇒一般の会社ではこの週のオーバータイム分の残業が必要であるのに対し、特例事業場はこの残業代が不要となります（月給20万円に４時間分の労働賃金を含むという解釈）。
※当然44時間を超えた時間より残業代が必要となります。

会社の所定労働時間は年間休日から算出されます。また、現在は週40時間制であり、限界値があります（図表43参照）。

★特例対象事業場はお得

接客娯楽業や商業などで社員が10名未満の小さな会社は、週の労働時間が44時間までＯＫとなる特例対象事業場となり、週の残業は44時間が基準となります。

★端数時間切捨は定額残業手当で対応

計算間違い、かつ、未払賃金となってしまう毎日の端数時間については、毎月固定額の残業代を支払うことで解消可能です。例えば、１日30分を見込む場合、月20日労働とすると30分×20日＝10時間分を毎月支払うことになります。

月給を考える場合、このような細切れの残業代を最初から見込んで設定することも可能です。事務作業の軽減にもつながるためメリットがあります。

【図表 42　割増賃金から除外できる手当】

手当名称	注意点等
①　家族手当	家族数に関係なく一律支給の場合は認められません。
②　通勤手当	実際の通勤距離と無関係に一律支給は認められません。
③　別居手当	扶養家族と別居することによる生活費補助として支給される単身赴任手当などになります。
④　子女教育手当	社員の子供の教育費補助として支給される手当です。
⑤　住宅手当	費用負担額の大小によらず、一律支給の場合には認められません。
⑥　臨時に支払われた賃金	臨時的に支払われる手当であり、退職金などが該当します。
⑦　１か月を超える期間ごとに支払われる賃金	賞与や精勤手当などが該当します。

【図表 43　１日８時間労働の会社の月間所定労働時間(残業以外の通常の労働時間)の限界値】

①　１週の労働時間は40時間が限度時間です。１日８時間労働とすると、５日が限度で理論上１週間２日の休みがあります。
②　１年間は365÷７≒52,14週ありますので、年間休日は最低でも２日×52､14週＝104.28日となり、端数を切り上げて年間105日となります。
③　月間所定労働日数＝（年間歴日数－年間休日数）÷12か月で算出できますので、算入すると以下のとおりとなります。
（365（閏年は366）日－105日）÷12か月＝21.67日
④　１日８時間のため③の日数を乗じると月間所定労働時間が算出できます。
８時間×21.67日＝173時間
⇒月25日働いているからといって、８時間×25日＝200時間などと算出している場合は注意！
あくまでも、所定労働時間は上記のとおりで、残りの時間は残業をしているだけです。

Q27 残業を許可制・申告制にするときの問題は

A 上司が申請を許可しない、申請自体を認めないといった間違った運用をしないことです。モチベーションが低下し、余計に労務トラブルの温床になります。

★残業許可申請制度の目的

許可申請制の目的は、残業の厳格化であることはいうまでもありません。

同じ仕事を少しでも短時間で終えることで、労働生産性を向上することに意義があります。

しかし、残業の中身自体を何ら精査せずに厳しさだけが全面に出てしまうと、サービス残業が横行することになりますので注意が必要です。

★許可申請制導入後のチェックリストと対処法

許可申請制度を導入後に、図表44のチェックリストを活用し問題をあぶり出します。

そのうえで必要な対策を上司・会社が一体となり、適宜行うことで初めて制度を導入した意味が出てきます。

残業を減らせば、社員にもメリットが出る仕組みにしなければ残業は減りません。

【図表44　許可申請制導入後のチェックリストと対処法】

チェック内容	結果
①　残業を減らし、総人件費を下げることで利益率を上げることを会社全体の目標として共有できているか	
②　社員から適切に許可申請は出されているか（実態との乖離はないか）	
③　上司が許可申請を不当に厳しく不許可にしていないか	
④　申請書等の書類を適切に保管しているか	
⑤　残業に上限時間を設定していないか	
⑥　特定の社員からだけ申請書が出されていないか	
⑦　特定の部署からだけ申請書が出されていないか	
⑧　⑥または⑦に関し、その残業の中身を精査し必要な残業か不要な残業かを上司（会社）は理解しているか	
⑨　⑧において必要な残業である場合、残業を減らすための解決策の検討を行ったか	
⑩　⑧において不要な残業が認められた場合、業務フローの見直しなど上司・会社が一体となり適切な措置、具体的な指示を該当者へ伝えたか	
⑪　①～⑩を行うことで毎月の割増賃金費用を経営陣（または人事部）が把握し、前月・前年同時期と比較し改善が図られているかをチェックしているか	
⑫　⑪により労働生産性の向上がみられた場合、社員へその利益は還元されているか	

Q28 サービス残業で社員から訴えられたときの問題は

Ａ 裁判になると、未払賃金以外に付加金支払いのリスクもあります。訴えの大半は、会社側の主張は認められないという現実がありますので、裁判前に金銭解決を図るほうが得策です。

★会社の主張はほとんど認められない現実を認識すること

(1) 裁判で会社側が不利な理由は、次の点です。

相手の主張に反論する証拠書類がないこと

①賃金について詳細に記述した労働契約書がない
②就業規則の残業に関する規定整備は済んでいない
③ダラダラ残業が労働時間ではないことを示す証拠がない
④タイムカードの時間が労働時間ではないことを立証できない

(2) 社会情勢を反映して裁判所の司法判断が労働者保護へ傾いていること

裁判での争いになれば、会社側は高い確率で負けてしまいます。はっきりした白でなければ負け戦となります。

【図表45　サービス残業で訴えられたときの会社側の対処法】

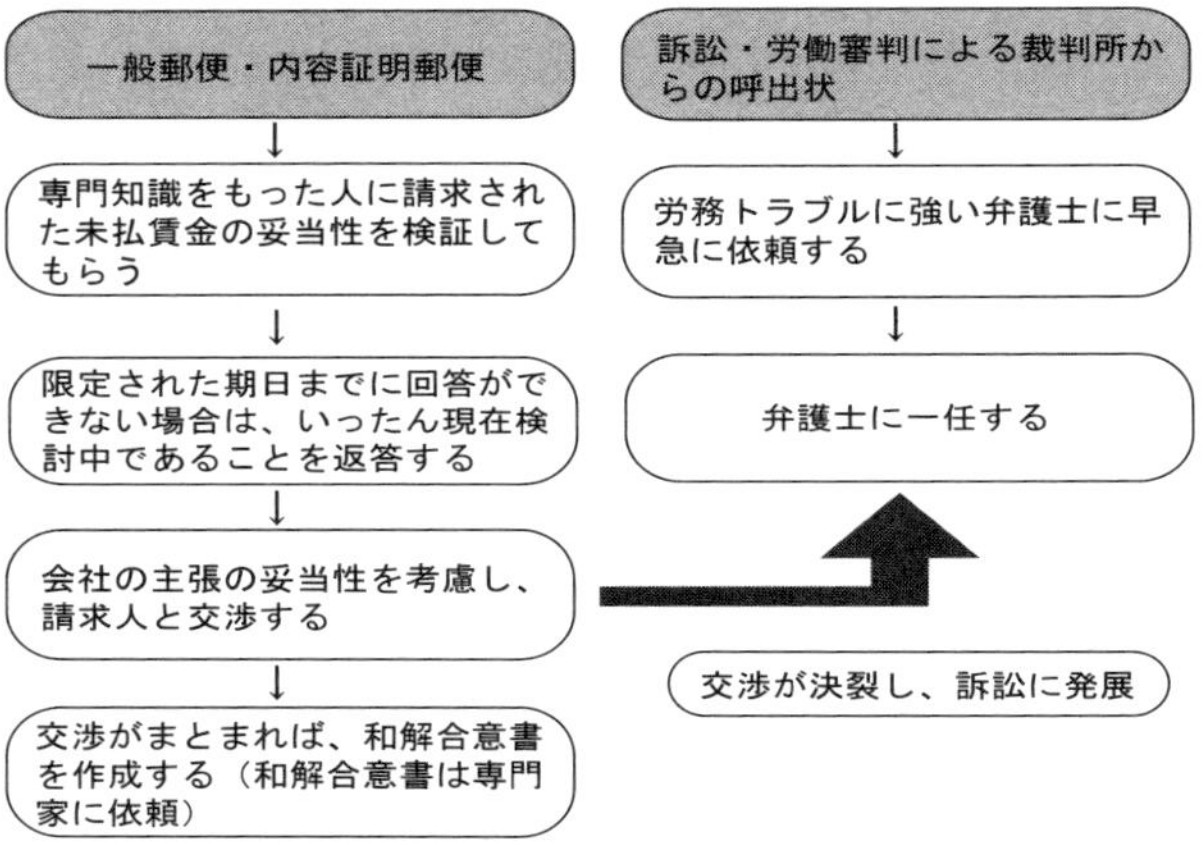

★サービス残業で訴えられたときの会社側の対処法

図表45は、サービス残業請求での具体的な会社の対処法です。

退職した社員より請求がなされた場合、まずはどこからきた書類であるかが問題です。裁判所からの呼出状であれば、既に訴訟となっています。社労士は裁判の代理ができませんので、顧問社労士がいる場合には、請求金額の妥当性を検証させる一方、裁判を任せる弁護士を早急に探す必要があります。

裁判外で和解するにしろ（この際には必ず和解合意書を作成します）、裁判（労働審判）で争うにしろ、勝負の分かれ目は、証拠の準備にかかっています。請求者の主張に反論する証拠がなければ、どうしようもありません。そのため、初動はできるだけ早く行う必要があります。

また、当然ながら、事案解決後には、自社のサービス残業の根本の問題を解決しなければ、第二、第三の請求者が現れるリスクを抱えることになります。

Q29 年俸制にして残業代は払わないときの問題は

Ａ　年俸制だからといって、残業代が不要なわけではありません。あくまでも法律（労基法41条2項）で定める管理監督者（Ｑ25参照）に該当しない限り残業代の支払対象になります。

★年俸に残業を含めるときの注意点

図表46は、年俸に残業を含めるときの注意点です。

ありがちなミスは、年俸に残業代を含むことだけを定めている事例です。定額残業制度の鉄則として、基本給料と残業代が明確に区分されていること、何時間分の残業代かが明確であることがあげられます。

改善例に従い、区分することが必要です。

★年俸制トラブル想定リスク額シミュレーション

図表47は、年俸制トラブル想定リスク額シミュレーションです。

明確に区分を設けるかどうかで、会社の受けるダメージが数百万単位で違ってきます。

会社としては、両者ともに「年俸には残業代を含む」という同じ方針です。方針の具体化のしかたで、リスクは最小化できます。

【図表 46　年俸に残業を含めるときの注意点】

ダメな例

●年俸に残業代を含めることだけ定めている
■年俸　5,000,000円
⇒いくら分の残業代を含んでいるかが不明（基本年俸と割増賃金分の区別がつかない）
⇒結果、年俸総額をもとに割増単価は計算され、残業代を含んでいることも証明することができない

↓ こう変える！

改善例

●基本年俸と残業分を区分し明示する
●基本年棒をもとに割増単価を計算し、毎月何時間分の残業手当として支給することも明示する
例えば、500万円のうち100万円を残業代として扱う場合
■基本年棒　4,000,000円
■割増賃金相当額　1,000,000円
■合計年俸　5,000,000円
4,000,000円÷12か月÷168×1.25＝2,481円…残業単価
1,000,000円÷12か月≒83,333円…月額残業代相当額
83,333円÷2,481円≒33時間分

【図表 47　年俸制トラブル想定リスク額シミュレーション】

<シミュレーション条件>
●月間労働時間は168時間、月間平均残業時間は40時間
●２年間勤務し、退職後に割増賃金が未払いとして訴えられたケース

基本年俸400万円と残業代100万円で区分した場合	年俸500万円１本の場合
残業代の単価計算 4,000,000円÷12か月÷168×1.25 ＝2,481円	残業代の単価計算 5,000,000円÷12か月÷168×1.25 ＝3,101円
残業代の計算 2,481円×40時間×24か月 ＝2,381,760円	残業代の計算 3,101円×40時間×24か月 ＝2,976,960円
支払済残業代と主張できる額 1,000,000円×２年 ＝2,000,000円	支払済残業代と主張できる額 ０円
不足額（要支払額） 2,381,760円－2,000,000円 ＝381,760円	不足額（要支払額） 2,976,960円

その差約2,600,000円！

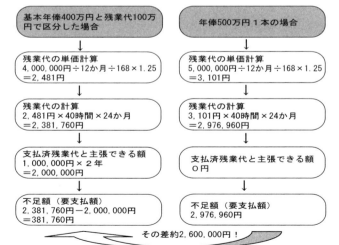

Q30 研修社員に先輩社員が仕事を教えるときの残業の問題は

Ａ 教える側、教えられる側ともに会社には当然残業代の支払い義務があります。新人への教育時間が時間外に及ばないような根本的な改善が必要となります。

★業務に直結した教育時間は労働時間

一方的に教えられるだけでも、労働時間と解釈され、最低賃金以上の給料（時間外労働に及べば割増賃金）の支払いが必要です。

会社側（教える側）としては、「そんなことは自分で調べれば簡単にわかるのだから、事前に調べて欲しいよ」という状況を少しでも減らすことが望まれます。

つまり、新入社員の方の自主性により、最初のステップをできる限り省略することがポイントです。

★対処法１・業務マニュアルの整備

根本的な解決策は、教育も含めてすべての業務が定時で終われば残業の問題は解消されます。教育に要する時間を最小化できれば、教える側・教えられる側双方の負担が軽くなります。

このことから、社員の教育制度、特に未経験者への指導マニュアル（図表48）を整備することが

【図表48　指導マニュアルのポイント】

① 業務上最低限必要な基本的なことを具体的に記載する。
② 既に一般化されている知識が必要であれば、市販書籍の代用も検討する。
③ 市販書籍を利用するのであれば、読み方・活用法など指導する。
④ 教えられる側の自主性を促し、理解度でモチベーションも把握する。

残業代を減らすことにもつながります。

社員の能力を10段階で区分した場合、8から10に能力を上げるためには大変な努力が必要になります。これに比べ、1の能力を3～4に上げるほうがはるかに簡単で再現性があるのはいうまでもありません。

業務マニュアルの作成は、先輩社員にとっても、日々の業務フローを見直すよいきっかけとなります。作成過程で作業の無駄に気づき、業務の効率化が図られれば一石二鳥です。

できる社員は、仕事を見て、盗んで覚えます。しかし、すべての社員がそういった積極的な行動をとれるとは限りません。一定の水準までは、会社が能力向上の手助けをすることも必要です。

★対処法2・残業代を始めから見込んで給与を設定する

未経験者が戦力になるまでの期間は、特に、一方的に教える期間となります。そのため、最初から残業を見込み、一定の固定額を支給することも有効です。

ただし、この場合には、最低賃金に抵触しないよう注意する必要があります。

5

会社のルールをめぐる問題と対処法

Q31 タイムカード使用の有無で生じる問題は

Ａ　会社には、社員の労働時間を適切に把握する義務があります。タイムカードの設置は、法律上の義務ではありませんが、ない場合にはタイムカード以外の方法で時間管理をする必要があります。

★不利な証拠はできるだけなくしたい―タイムカードを設置したくない理由

タイムカードの不設置理由は、ズバリ会社にとって不利な記録を残したくないからということでしょうか。タイムカードがなければ時間の記録がないから、言い逃れができると考える人もいます。果してそうでしょうか。そんなわけはありません。

実際の裁判においても、次のようなデータが証拠として認められています。そのため、タイムカードを設置しないことが未払賃金の解決策にはなりません。

また、図表49のような負のスパイラルに陥るため、労働時間管理は適切に行う必要があります。

(1)　パソコンのＯＮとＯＦＦを記録したログデータ
(2)　メールの送信記録
(3)　タコメーターの記録
(4)　メモ等の記録

【図表49　タイムカード未設置による負のスパイラル】

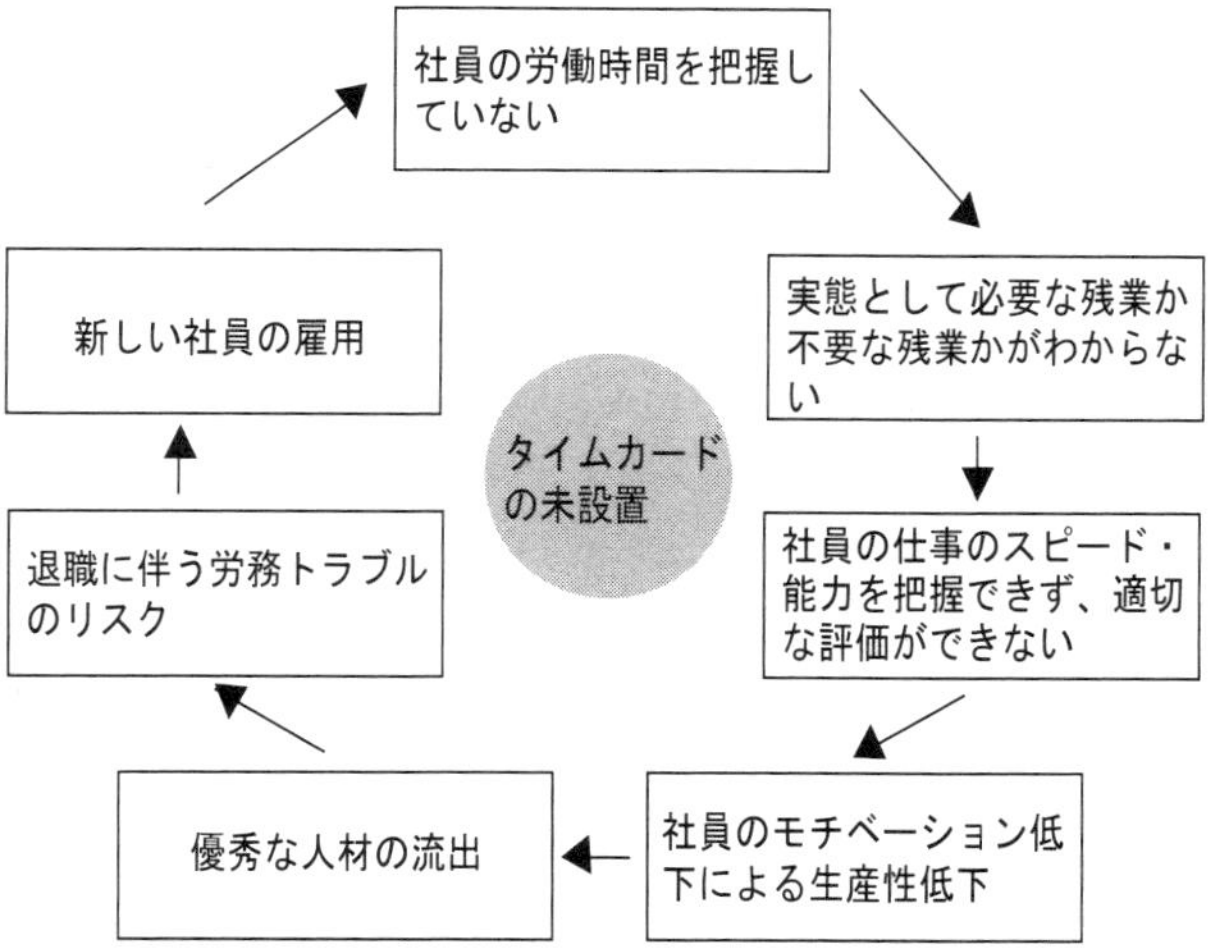

★タイムカード未設置による負のスパイラル

図表49は、タイムカード未設置による負のスパイラルです。

タイムカード以外でも、パソコン等で就業時間を管理するのであれば問題ありません。

大切なのは、会社が社員の労働時間を把握すること、上司が部下の仕事の早さを理解すること（与えた仕事をどのぐらいの時間でこなせているのかを把握すること）です。

同じ仕事・同じ成果を出すにもどれだけ早く、正確にやれるかは能力に大きく左右されます。

この部分が適切に評価されなければ、できる社員であればあるほどモチベーションが下がってしまいます。

仕事を早く終わらせること（生産性をあげること）が評価につながり、社員にとってもプラスになるという意識を会社全体で共有させることが必要です。

Q32 遅刻が頻繁にある社員を処分するときの問題は

A 口頭注意をしたのに改善しなければ、書面通知により改善指導を行います。口頭注意で直らないからといって、即座に解雇するとトラブルになってしまう恐れがあるので注意が必要です。

【図表50 問題社員の対応フロー】

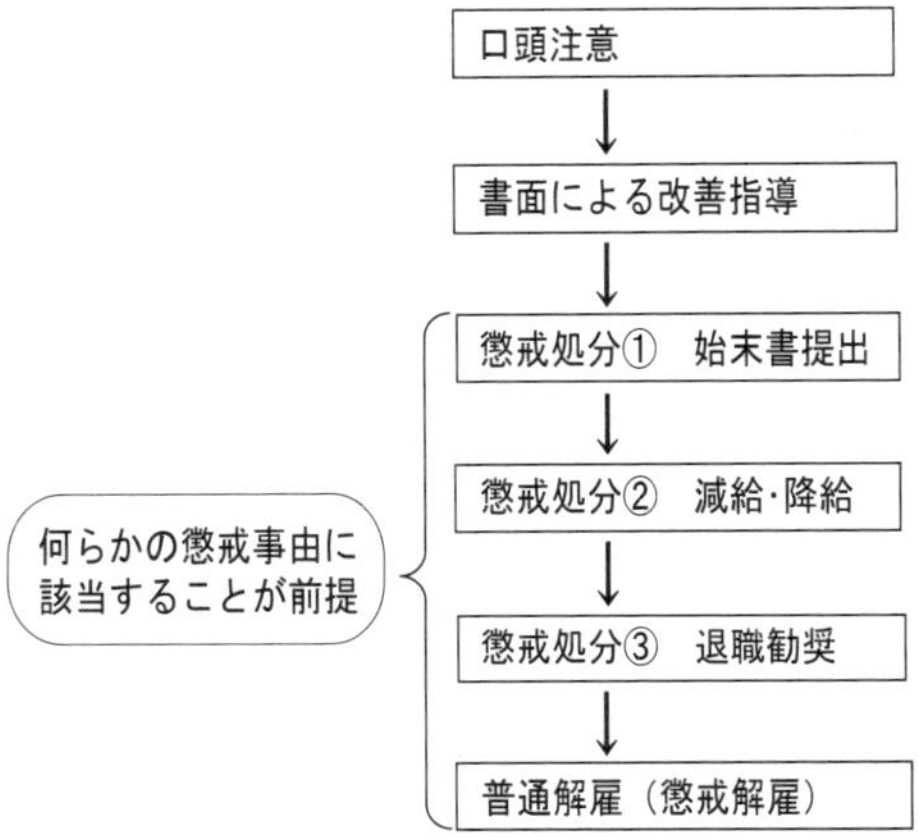

★トラブル防止のために処分は必ず手順を踏んで行うこと

遅刻だけに限らず、問題社員の対応は概ね図表50の流れとなります。

ただし、適切な指導・処分が行えるよう服務規定・懲戒規定を整備しておく必要があります。

問題社員に手を焼いている会社のほとんどが口頭注意のみで終了しています。

図表51のような文書を用い、厳格に対応することにより、社員のモラル向上が可能となります。

そこまでして改善努力をしなければ、不要な社員という判定は出せないのです。

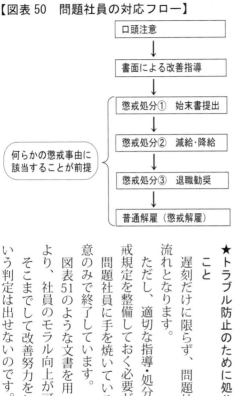

【図表 51　業務改善指導書の例】

平成　年　月　日

＿＿＿＿＿＿殿

株式会社○○○○
人事部長○○○○　㊞

業　務　改　善　指　導　書

貴殿に対し、これまでの勤務態度及び業務遂行状況につき口頭注意を行ってきましたが改善が見られない為、改めて下記事項につき指導しますので、今後は誠意を持って業務に精励するよう改善向上の努力を求めます。

記

1、　正当な理由なく、無断欠勤及び遅刻、早退をしないこと
（就業規則　第○○条　服務心得　第○項）

以上

承　諾　書

平成　年　月　日

株式会社○○○○
人事部長○○○○　殿

従業員＿＿＿＿＿＿㊞

平成　年　月　日付の貴殿からの文書及び口頭による業務改善指導書の趣旨を十分理解し、今後は誠意を持って業務に精励し改善向上に勤めることを承諾致します。

Q33 社員の副業が発覚したときの問題は

A　情報漏えいの危険性と社員の雇用形態によって対応法が変わります。社員は心身の健康に留意し、良質な労働力を提供する義務があるという前提で考えると、少なくともフルタイム勤務する正社員は副業によるダブルワークは原則禁止とし、違反者は処分します。

★副業発覚による懲戒処分の判断ポイント

副業発覚による懲戒処分の判断ポイントは、次の点です。

(1)　副業を行うことで本業にどの程度影響が出ているか（遅刻、欠勤、疲労による能率低下等）。
(2)　競業他社での副業か全く関係のない副業か。
(3)　副業により自社の秘密情報漏洩の危険性があるか。

(2)や(3)の問題がなければ、いきなり解雇することは、厳しすぎるといえます。懲戒処分のうえ、副業を辞めさせて、経過観察を行うこととなります。逆に(2)や(3)に抵触する副業の場合、解雇の有効性が高まることになります。

★服務規定に入れておくべき項目例

図表52は、服務規定に入れておくべき項目例です。

【図表 52　服務規定に入れておくべき項目例】

（服務規程）
社員は、常に次の事項を守り、業務に精励しなければならない。
1　常に健康に留意し、良好な心身状態で勤務するよう努めること
2　会社の業務上の機密および会社の不利益となる事項を他に漏らさないこと
3　会社の許可なく他社の役員もしくは従業員、または個人事業主となり、営利を目的とする業務を行わないこと
（以下略）

★住民税の特別徴収で簡単にバレる

住民税は、1年間におけるその人の所得（この所得はあくまでもトータル）に応じて税額が決定されます。会社は、この住民税を原則として給与天引する（これを特別徴収といいます）必要があるため、各市区町村より通知書を受け取ります。

つまり、この通知書の金額と自社の年末調整での所得金額をチェックすれば簡単に発見できます。

逆にいえば、頑なに特別徴収を嫌がる社員は要注意です。

なお、副業することに正当な理由（会社都合の休業時のアルバイト等）がある場合も想定されます。あくまでも許可がないとできない、というスタンスで問題ありません。

★正社員以外は別の物差しが必要

パートなどの短時間勤務者や週に1日や2日しか勤務のない特殊勤務者の場合、他社勤務の確率もあがります。これらの社員は正社員と違い、空き時間を有効活用しているに過ぎず、正社員の副業とは当然解釈が違ってきます。許可基準を定めたうえで、ある程度は他社勤務を認めてあげる配慮も必要になります。

Q34 勤務態度が悪い社員を処分するときの問題は

Ａ　勤務態度を改善させるための対処を会社が行わずに即座に解雇すると、「不当解雇」とされ、解雇が否認される可能性が高いです。あくまでも、段階を経て処分を下す必要があります（Ｑ32参照）。

★事実の積上げが重要ポイント

勤務態度が悪いと一口にいっても、上司の指示命令に従わない、他の社員との協調性がない、顧客対応に問題があるなど、様々なケースがあります。

ともあれ、どんな場合でも勤務態度が悪かったからこそ発生した事態があるはずです（例えば、顧客対応で問題があり、顧客よりクレームが発生）。その事実を積み上げる（証拠を集める）ことが重要です。

★始末書を作成させるポイント―懲戒処分を行い、始末書を提出させる場合

始末書を作成させるポイントは、次の点です（図表53）。

(1)　事実関係を明らかにするためにできる限り５Ｗ１Ｈを明らかにさせる→会社側で調査した実態とかけ離れた内容は、虚偽報告として処分の対象

【図表 53　始末書の例】

始　末　書

株式会社○○○○
代表取締役　○○○○　殿

今般、私の不注意により起こった下記の件については、会社並びに関係各位に対し、多大なご迷惑をおかけしたことを心からお詫び申し上げます。
今後は、こうした事態を引き起こさないよう十分に注意を払い、二度とこのような不始末を起こさないことをお誓いし、本状を提出いたします。

なお、会社に与えました損害につきましては速やかに賠償いたします。

記

平成○○年○○月○○日、私は得意先○○○○より集金した売上代金○○○○円入りのバッグを、会社へ戻るために乗車した地下鉄○○線電車内にて居眠りをしている際に、紛失してしまいました。警察に届けを出しましたが、本日に至ってもまだ発見の知らせは届きません。結果として、会社に○○○○円の損害を発生させてしまいました。

以上

平成　　年　　月　　日

署名と捺印は必須

住　所
氏　名　　　　　　　　　　印

ポイントは５Ｗ１Ｈ

Who	誰が	Why	なぜ
When	いつ	What	なにを
Where	どこで	How	どのようにして

(2) 会社は始末書の提出を求めることは何も問題はないことを理解する

(3) 始末書には必ず自筆のサインと印鑑を押印させる

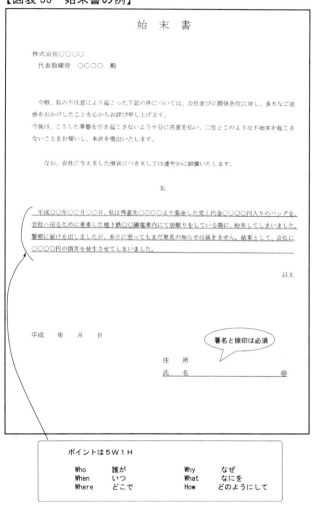

Q35 他の店舗へ一方的に転勤させるときの問題は

A 入社時の労働条件明示の際に転勤の可能性を明示することで、トラブルを解消できます。絶対に転勤がない場合以外は、転勤の可能性ありと明示すべきです。

★就業規則への記載があれば個別同意は不要

就業規則に転勤規定を設け、広く社員に周知されている場合には、会社は業務命令として一方的に転勤を命じることが可能です。

★転勤を一方的に命じることができないケース

転勤命令は、原則として会社の業務命令で一方的に社員に命じることができます。ただし、例外として、次のケースでは同意がなければ認められません。

(1) 業務上の必要性が存在しない場合。
(2) 業務上の必要性以外の他の不当な動機、目的をもってなされた場合。
(3) 社員に対し、限度を超える著しい不利益を負わせる場合。
(4) 労働契約において勤務場所を特定して採用された社員に対して実施する場合。

【図表 54 転勤による想定トラブル】

① 就業規則がない。もしくは、あっても転勤規定がない。
労働契約書においても、勤務地変更については、とくに言及していない。

↓

② 業務上、転勤させる必要が発生。他の社員で代替することも不可能な状況。

↓

③ タイミング悪く、転勤対象者の同居の家族が病気になっており、当該社員が看護中であった。

↓

④ 社員は転勤命令を拒否し、会社は業務命令を拒否したことで社員を解雇したが、不当解雇でトラブルに発展。

※対処法→①の段階の書面（就業規則・労働契約書）を整備しておきます。

【図表 55 労働契約書における就業場所の記載例】

契約時点で勤務地は限定されていないことを明示しておく！

就業場所	○○区○○町○－○－○（株式会社○○○　○○店） ※ただし、場合により当社他店舗への転勤を命じる可能性があります。

●その他、会社の状況によって入れるべき文章例

①本労働契約は、勤務地を特定した契約ではなく、場合によって転勤を命じる可能性があります。

②勤務地は入社時点のものであり、人事異動により全国、海外を含めた支店への転勤を命じる可能性があります（詳細は就業規則による）。

③業務内容の変更に伴い、勤務地の変更を命じる可能性があります。

※いずれにせよ、転勤の可能性を契約時に明示し説明することが重要です。

Q36　関係会社への出向命令を出すときの問題は

Ａ　出向を命じるには、就業規則（ない場合は労働契約書）に規定があることが前提条件となります。

そのうえでトラブル防止の観点から、社員の同意を得ることが求められます。

★転勤よりも厳格な運用が必要—規定は必須

配置転換・転勤・出向等の就業規則規定例は、図表56のとおりです。

第４項に記載のとおり、出向者の具体的労働条件は、その都度、協議して定めるようにします（これが出向契約書となります）。

★否認されるケースもあるので出向契約書を締結しておく

就業規則に規定があったとしても、出向について必要性が認められない、限度を超す著しい不利益が生じるといった場合には、否認される恐れがあります。

そのため、出向元、出向先、出向者の３者間で図表57のポイントを盛り込んだ出向契約書を締結することがベストな対応です（図表58）。

出向に伴い賃金・労働時間等の労働条件が下がる場合には、必須といえます。

【図表 56 配置転換·転勤·出向等の就業規則規定例】

（配置転換・転勤・出向等）

　会社は、業務上必要がある場合は、社員に対して職場もしくは職務の変更、転勤、出向およびその他人事上の異動を命じることがある。
2　前項の人事異動を命じられた者は、正当な理由なくこれを拒むことはできない。
3　第1項の人事異動を命じられた者は、指定された日までに赴任しなければならない。
4　会社が業務の都合により社員を他の会社などへ出向を命じた場合の労働条件その他については、その都度協議のうえ定めるものとする。
5　本条の人事異動を命じられた者は、会社より支給された保管中の備品・書類その他すべての物品を返還するとともに、後任者に対し指定期日までに業務の引継ぎを終了し、所属長に引継ぎの完了報告をしなければならないものとする。

【図表 57 出向契約書に盛り込むべき内容】

出向契約書に盛り込むべき内容
・出向対象者の出向同意条項 ・出向先を特定 ・出向先における賃金、労働時間、休日等の基本的な労働条件 ・出向元への復帰に関する事項（出向期間等） ・出向者の費用負担方法

【図表 58 出向同意条項規定例】

・契約書末頁には出向元、出向先、出向者それぞれの署名と捺印をすること
・出向元会社：甲、出向先会社：乙、出向者（甲の社員）：丙とする

（出　向）

　丙は、乙に出向することに同意し、下記就業場所において、乙の指揮命令に従い誠実に業務を行うものとする。

就業場所：　株式会社〇〇　〇〇支店（東京都〇区〇丁目〇番〇号）

Q37 セクハラやパワハラで生じる会社責任の問題は

A 職場におけるセクハラ対策は、会社の義務として法律に定められています。
これに対しパワハラは、広い意味で会社の安全配慮義務違反を問われる恐れがあります。

★セクハラ対策義務

セクハラ対策義務は、次のようになっています（均等法11条）。

(1) 事業主の方針を明確化し、管理監督者を含む労働者に対してその方針を周知・啓発すること。

(2) 相談、苦情に応じ、適切に対応するために必要な体制を整備すること。

(3) 職場におけるセクハラに係る事後の迅速かつ適切な対応をすること。

(4) 相談者や行為者等のプライバシーを保護するために必要な措置を講じ、周知すること。また、相談したこと、事実関係の確認に協力したこと等を理由として不利益な取扱いを行ってはならない旨を定め、労働者に周知・啓発すること。

具体的には、就業規則でのセクハラ防止規定の作成・周知、相談窓口担当者の設置、社員研修、実際に相談があった場合の窓口担当者の対応マニュアル作成等です。

セクハラは、男女ともに発生する可能性があり、異性には相談しにくいという特徴があります。

そのため、窓口担当者は男性、女性それぞれを設定することが重要です。

【図表59 チェックリスト】

セクシャルハラスメント・チェック	チェック欄
1 容貌・体型・年齢等の話題が好きだ	
2 性的なからかいや冗談を言ったり、性的な噂を流したりする	
3 男女交際の程度や性的な経験などについて尋ねてしまう	
4 しつこく食事に誘うなど交際を迫ったり、あとをつけるなどつきまとったりする	
5 酒席でのお酌などを強要したことがある	
6 業務に必要もないのに身体に触る	
7 女性（男性）だからということで特定の仕事を依頼する	
パワーハラスメント・チェック	**チェック欄**
1 部下への指導が行き過ぎ、人前で激しく叱責してしまう	
2 仕事以外の性格や人間性まで指導する傾向がある	
3 年下が目上の自分に対して意見をいうと失礼だと感じてしまう	
4 嫌なことがあると、つい人にあたってしまう傾向がある	
5 自分も厳しい指導を今まで受けて育ったので、怒鳴りつけてでも教育する必要を感じる	
6 パワハラは弱い人間の問題で、する側ではなくされる側に原因があると感じる	
7 気に入らない人間には仕事を与えず、無視する	

★セクハラ・パワハラで会社の責任がなぜ問われるか

適切な対策を行ったうえでのトラブルは、基本的には当事者間での民事上の問題です。

しかし、会社にも、その社員を使っている責任を問われるという使用者責任（民法715条）や、会社には職場環境の安全を確保する義務があるという安全配慮義務（契約法5条）を根拠に、多額の損害賠償責任が問われる恐れがあります。

★チェックリストの作成・運用によるハラスメント防止教育

セクハラは、全社員を対象に、パワハラは特に管理職を対象にチェック（図表59）を行い、該当項目については是正するよう指導・教育を行います。

★日本国内の自殺者数の推移

警察庁の統計資料によると、日本国内の自殺者は、ここ数年若干減少傾向ではあるものの、いまだ年間2万人以上の人が亡くなっています。（平成26年は2万5427人）

原因は様々ですが、その1つにパワハラを始めとする勤務問題があることは間違いありません。

★他の問題と複合化する恐れがある

パワハラ・セクハラ問題は、両者ともに退職や解雇が大きく関係してきます。嫌がらせの結果、社員が自己都合退職した後に、「不当解雇」と合わせて「慰謝料」を請求してくることが予想されます。勝手に辞めていったから会社は悪くない、ではすまないこともあるため注意が必要です。

★パワハラは厳しい指導と紙一重のため気づきにくい

パワハラは、セクハラと違い加害者側に罪の意識が全くない場合も考えられます。本人のことを思って指導していただけ。本当にそうかもしれません。

しかし、今は時代が変わっています。チェックリストにもあるように、自分が厳しい指導を受けてきたから後輩にも厳しい指導の必要性を感じるのは、パワハラ管理職の典型例です。

会社には、様々な世代の社員が混在しています。管理職は、世代間ギャップを理解したうえで部下を指導する器が求められています。

面倒ですが、これも仕事と割り切ることが必要です。

Q38 休職期間を決めるときの問題は

Ａ　一般的には、勤務年数ごとの区分に応じた休職期間を定めます。休職には、健康保険の傷病手当金の活用が前提となるため、最大でも１年半で十分です。

★傷病手当金の最大受給期間―最長休職期間

健康保険の加入者は、病気やけがで働くことができず、会社を連続して4日以上休むと、所得保障給付として4日目以降の休んだ日に対して最長で1年6ヶ月「傷病手当金」（支給額は1日につき標準報酬日額の３分の２）が支給されます。

ただし、休んだ期間に対し会社から給料（傷病手当金の額より多い支給額）が払われると、不支給となります。

そのため、社会保険に加入していれば、休職期間中は無給で問題ありません。

なお、標準報酬日額とは、傷病手当金の支給開始日以前12ヶ月間の標準報酬月額（本人の社会保険料のベースとなる月額）の平均額を30で割って算出された金額となります。

★休職中の会社の負担は

休職期間中を無給とすれば、労災保険料や雇用保険料も発生しません。つまり、負担は社会保険料のみです。10年以上会社に貢献してくれた社員が休むのと、入社したばかりの社員が休むのを同じ土俵で考えるべきではありません。そのため、勤務年数別のテーブルを設定します。

★社会保険未加入の個人事業主は休職制度をつくらないほうがよい

社会保険未加入者は、国民健康保険の加入者です。国民健康保険では、傷病手当金は残念ながら任意給付（保険者が出したければ出せる給付）となっているため、制度自体がありません。かといって、仕事もできないのに給料は払えません。

つまり、社会保険未加入の個人事業主は、休職制度そのものをつくらないほうが得策です。

休職制度は、あくまでも会社の恩恵的福利厚生措置です。なくても法律上は問題ありません。

★問題は入社直後の社員の休職対応

入社してすぐ社員が職場になじめず「うつ」を発症したり、入社後病気になり数か月の入院といった場合、休職制度の適不適の期間設定を誤ると問題になります。そのため、「入社6か月未満は休職制度の対象外とする」などの規定を入れておくべきです。入社直後の私傷病発覚は、そもそも採用の取消しにもつながる事項ですが、ここで1つ落とし穴があります。

入社時に健康診断を行いましたか（入社時の健康診断は義務です）。スポーツ選手は、プレーができるかのメディカルチェックは厳重に行われます。サラリーマンも同じです。良質な労働力の提供を考えた場合、入社時点で社員の健康状態にもっと注意をしてもいいはずです。

Q39 労基監督署に未届出の就業規則の問題は

A 就業規則が社員に周知されていれば、未届でも効力はあります。ただし、労基法違反（労基法89条）として指導・罰則の対象となります。

★未周知と未届のリスク

せっかく就業規則を作成しても、未周知であれば、そもそも就業規則に効力は発生し得ないことになります。（社長のデスクにお蔵入りして、社員は全く見たことがない等）よって、実害としては、未届よりも未周知のほうが問題です。

就業規則の社員への「周知」方法は、次の方法によることとされています。

(1) 常時各作業場の見やすい場所へ掲示するか、備え付けること。
(2) 書面を社員に交付すること。
(3) 磁気テープ、磁気ディスク、その他これらに準ずる物に記録し、かつ、各作業場に社員が当該記録の内容を確認できる機器を設置すること。

★未届の際の罰則

10人以上の社員を雇用する会社は、就業規則の作成・届出義務があります。

【図表60　就業規則一括届出の要件】

①　本社の就業規則とすべて同じ内容であること。 ②　事業場のトータルの数と同じ部数の就業規則と意見書があること（同じ労基監督署であれば就業規則は１部でＯＫ）。 ③　各事業場の名称、所在地、所轄労基監督署名を記載した届出事業場リストがあること。

未作成・未届に対する罰則は労基法１２０条において「30万円以下の罰金に処する」と規定されています。

ただし、実務的には、労基監督署の調査で未届が発覚したとしても、「早急に出してください」と指導の対象にはなりますが、すぐに届出を行えば大きなトラブルには発展しません。

★届出には同意書ではなく意見書を添付

就業規則には、社員代表の「意見書」を添付しなければいけません（同意書は不要）。労基監督署へ届出の時点では、労働時間や休日など最低限必要な事項が記載されているか、意見書が添付されているかといった程度のチェックしかしません（反対意見の場合、内容を聞かれることは想定されます）。

★多店舗展開企業の本社一括届出

就業規則は、事業場ごとに作成し届出を行う必要があります。多店舗展開を行う飲食店や小売業などの場合、非常に作業が煩雑となります。

そのため、図表60の要件を満たせば、本社を管轄する労働局への一括届出制度が認められています。

Q40　就業規則を見ていなかったときの問題は

Ａ　就業規則の社員への周知方法が適切であれば（周知方法についてはＱ39参照）、社員が見ていようがいまいが効力はあります。
　ポイントは、社員が内容を確認できる状態にあるかどうかです。

★周知方法が適切ならＯＫ
就業規則は、周知方法が適切であれば、社員が見ていなくても効力を発揮します。

★労働者が反対の意見を提出してきたときは
社員へ新しい就業規則を周知したところ、「意見書」に反対の意見を記入してきました。

さて、この場合の就業規則の変更は有効でしょうか、無効でしょうか。

この場合、原則として、意見書が添付されていれば、労基監督署としては受理してくれますし、就業規則の効力自体には影響がありません。

ただし、その就業規則の変更が、給料のダウンや退職金制度の廃止など不利益変更に該当する（何をもって不利益変更に該当するかは個別判断され非常に解釈が分かれます）場合には、社員の同意がなければ効力がなくなります。

【図表61　就業規則変更･周知に伴う想定トラブル】

① ・時代の変化にあわせて退職金制度を変更（支給額ダウン）

↓

② ・変更後の退職金規定に社員代表者から意見書を添付して労基監督署へ提出
・就業規則は、人事部長のデスクにあり、いつでも閲覧可能

↓

③ ・定年退職する社員が発生し、新しい退職金制度に基づき退職金を支給

↓

④ ・退職した社員より、自分は退職金制度の変更につき同意していない。変更前の退職金を要求し、トラブル発生

※対処法→不利益変更の場合、必ず①の段階で同意を得て記録を整備する。
※同意書については、Q19参照。

★問題は不利益変更のとき

図表61は、就業規則変更・周知に伴う想定トラブルです。

★判断に迷う場合には新しい労働契約を締結か同意書を得るかする

大きな制度変更を実施すると、人によってプラス・マイナスが大きく分かれるケースもでてきます。例をあげると、次のとおりです。

・成果主義の導入でメリットのある人とデメリットの生じる人が出る
・退職金制度が廃止になったけど、変わりに毎月の給料が上がった
・毎月の給料が下がったけど、賞与の回数が増えインセンティブの割合が増えた

この場合には、「変更内容が合理的であればOK」という判断基準のため、トラブル防止の観点からいえば、新条件での契約締結が望まれます。

Q41　仕事上社員が他人に迷惑をかけたときの問題は

Ａ　人を雇うと、その人が業務を遂行するうえで他人に損害を与えた場合には、会社にも責任が発生します（これを使用者責任といい、民法７１５条に規定されています）。

★業務上の第三者への損害賠償リスク

簡単にいうと、仕事をするうえでの社員による第三者への損害は、原則、会社の責任（民法７１５条）ということです。

★加害者（社員）・被害者・会社の関係性

被害者は、当然損害賠償の権利があります（根拠は民法７０９条の不法行為による損害賠償になります）。

この場合、被害者は、損害を与えた当事者である社員でも、その使用者責任のある会社でも、どちらに対しても請求することができます。

多額の損害賠償金支払いの可能性を考えた場合、加害者本人よりも会社にも請求したほうが払ってもらえる確率は高くなります。

そのため、結果的に会社がターゲットにされてしまいます（図表62参照）。

【図表62　業務上の事故による第三者への損害賠償の関係性】

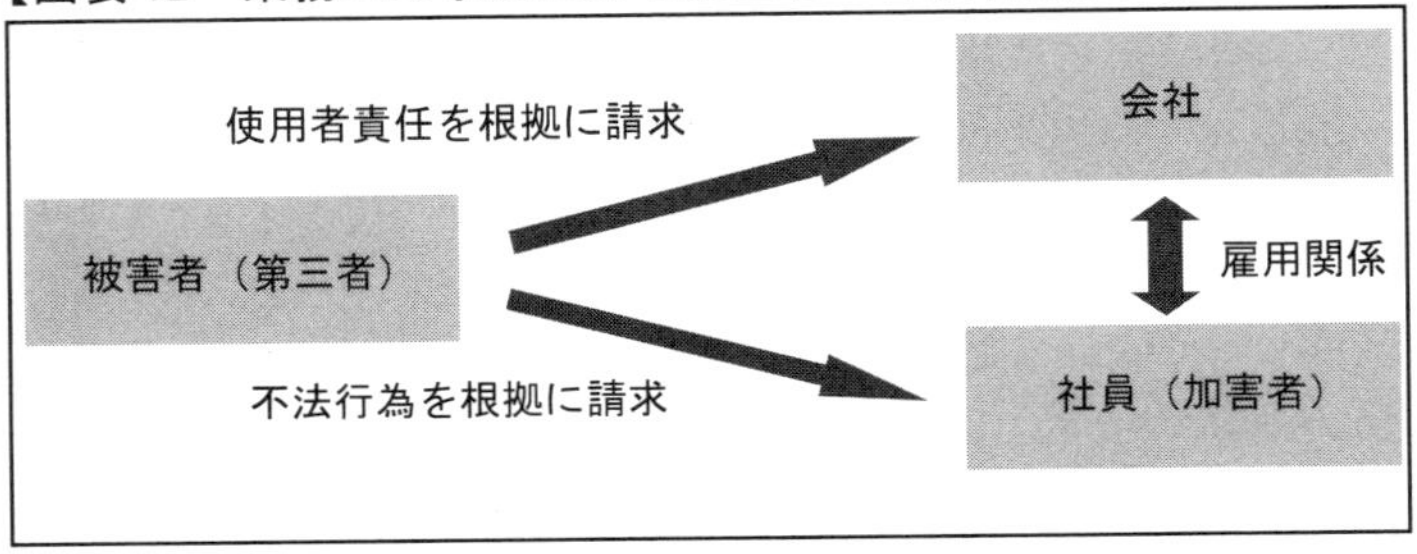

★一番考えられるリスクは交通事故

使用者責任として最も身近に想定されるのが、タクシー業界や運送業界の交通事故です。

車による移動そのものが業務の目的であるため、会社にも責任が生じるのは明白です。

★対策は徹底した社員教育によるモラル向上

交通事故対策を例にあげれば、就業規則の中に自動車運行管理規定をつくり、社員に周知・徹底を行います。

スピード違反などで規定に違反する者が生じた場合には、当然厳罰をもって対処します。

★社員への実益を兼ねた「無事故・無違反手当」も有効

社員の意識を向上させるためには、諸手当の１つに「無事故・無違反手当」を設定するのも有効です。

支給基準としては、毎月無事故無違反であれば一定額を支給する方式や、無事故無違反の累積月数に応じて区分を設け一定額を支給する（違反するとゼロにもどる）方式などが考えられます。

Q42　売上金を横領した社員を処分するときの問題は

A　横領の証拠がなければ懲戒処分はできません。横領が明らかであれば、横領した金額や職務内容等を勘案し処分の程度を決定します。懲戒解雇は、退職金にも影響があるため慎重な対応が必要です。

★内容により懲戒解雇・普通解雇・勧奨退職・その他の懲戒処分を選ぶ

一方的に解雇するか、勧奨退職し同意を得て退職させるかが大きなポイントです。

また、当然ながら懲戒処分の前提条件として、懲戒規定があることが求められます。

★被害額が大きく返金が不可能な場合を想定し身元保証契約を結んでおく

明確な証拠により、懲戒解雇で決着がついたとします。しかし、会社の受けた被害額が大きく社員が返金不可能なケースもあります。

このような事態に備え、本人以外にも損害賠償を請求できるように図表63に示す身元保証契約を結びます。身元保証契約には最大でも5年の有効期間があるため、契約更新が必要です。

ただし、身元保証人に損害賠償を請求する場合には、通常何らかの減額要因を指摘されるため、残念ながら保証期間内であっても損害の全額が保証されるわけではありません。会社としては、極力被害金額が大きくならないような業務管理、チェック機能をもつことが必要です。

【図表 63　身元保証契約書の例】

身元保証契約書

株式会社○○○○（以下「甲」という）と雇用者○○○○（以下「乙」という）、及び身元保証人○○○○（以下「丙」という）とは、次のとおり身元保証契約を締結する。

（連帯保証人の責任）

> 会社にも通知義務があるので注意する

第１条．　丙は、乙が、甲乙間の雇用契約に違反したとき、又は故意・過失により甲に損害を生じさせたときは、乙と連帯して、その損害を賠償する責任を負担する。

（甲の通知義務）

第２条．　甲は次の事項が生じた場合は、遅滞なくこれを丙に通知しなければならない。

（１）　乙に業務上不適任又は不誠実な行為があって、丙の責任を発生させるおそれがあることを甲が知ったとき。

（２）　乙の勤務地を変更し、その結果、丙の乙に対する監督が困難となり、丙の責任が加重されるとき。

（保障期間）

> 期間は最大の５年に設定する

第３条．　本契約の存続期間は、５年間とする。

２．前項の保証契約期間満了後も、乙が甲において勤務するときは、期間満了時に、改めて保証契約を締結する場合がある。

本契約の成立を証するため、本書１通を作成し、署名押印の上、甲が原本を、乙及び身元保証人がその写しを各自保有する。

平成　　年　　月　　日

（甲）株式会社○○○○
代表取締役○○○○　　　　㊞
（乙）本　　人　住所
氏名　　　　㊞
（丙）身元保証人　住所
氏名　　　　㊞
生年月日　　年　　月　　日
本人との続柄

Q43 プライベートなことで警察に逮捕されたときの問題は

Ａ 原則として、仕事とは無関係の私的なトラブルでは懲戒処分はできないと解釈されています。
ただし、結果的に会社に相当の損害が発生した場合には、懲戒処分も可能となります。

★私的なトラブル事例

私的なトラブル事例をあげると、次のようなものです。

・酔っ払ってケンカをして暴行・傷害事件として訴えられた
・電車内の痴漢が発覚し現行犯逮捕された
・株のインサイダー取引により逮捕された
・窃盗で現行犯逮捕された

★解雇予告除外認定を活用

社員を解雇する場合には、30日以上前の予告、あるいは解雇予告手当の支払いが必要です。ただし、監督署の認定を受けることができれば、予告なしに即時解雇できます。

「解雇予告除外認定がおりる＝相当程度に社員に責任がある」とも解釈できますので、判断に迷う場合には活用すべきです（図表64の解雇予告除外認定申請書）。

【図表 64　解雇予告除外認定申請書の例】

様式第3号（第7条関係）

解雇予告除外認定申請書

事業の種類	事業の名称			事業の所在地
労働者の氏名	性別	雇入年月日	業務の種類	労働者の責に帰すべき事由
	男 女	・ ・		
	男 女	・ ・		
	男 女	・ ・		
	男 女	・ ・		
	男 女	・ ・		

平成　年　月　日

使用者　職名

氏名　印

労働基準監督署長　殿

Q44 在宅勤務（テレワーク）を導入するときの問題は

A　会社の目が届かないため、労働時間の管理や情報漏洩の対策が重要となります。また、業務評価が難しいため、仕事の成果を把握しやすい業務を与える必要があります。

【図表65　在宅勤務(テレワーク)のメリット・デメリット】

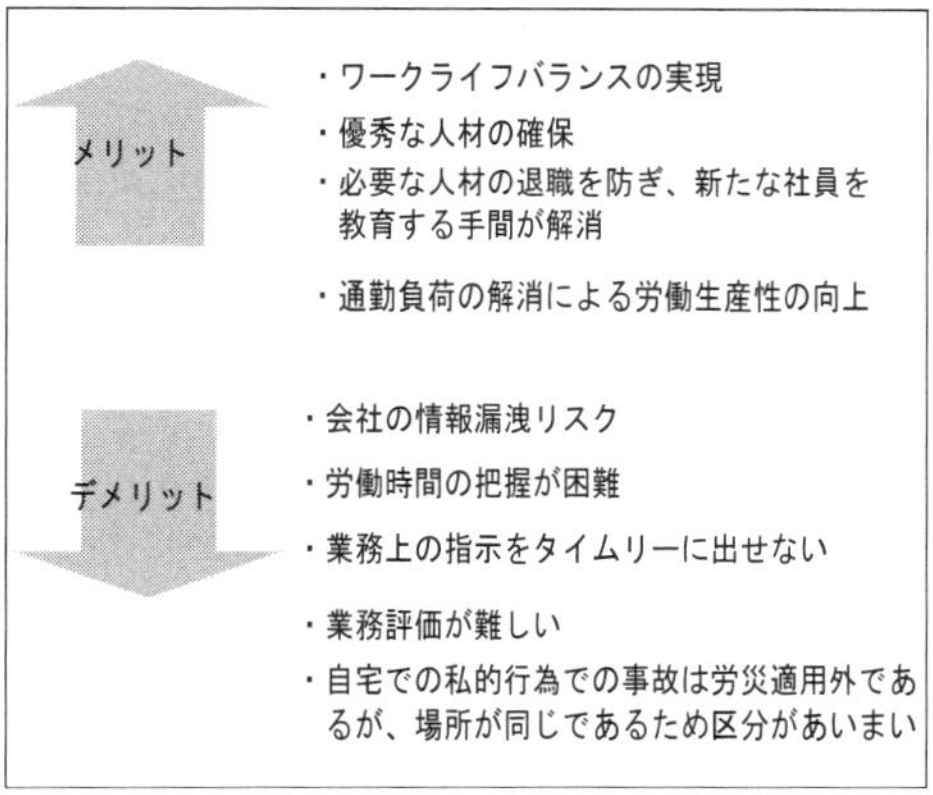
メリット
・ワークライフバランスの実現
・優秀な人材の確保
・必要な人材の退職を防ぎ、新たな社員を教育する手間が解消
・通勤負荷の解消による労働生産性の向上
デメリット
・会社の情報漏洩リスク
・労働時間の把握が困難
・業務上の指示をタイムリーに出せない
・業務評価が難しい
・自宅での私的行為での事故は労災適用外であるが、場所が同じであるため区分があいまい

★出来高給（成果給）導入の検討

実際の労働が目に見えない在宅勤務は、評価が難しくなってしまいます（図表65）。

定型的な業務で一定の保障給を設けたうえで、設定した期限までに会社の与えた課題を完了させた場合に出来高給を加算する方式も考えられます。

★みなし労働時間制の活用

在宅勤務者の労働時間は、把握が困難です。

そのため、「会社の所定労働時間」勤務したものとみなす「みなし労働時間制」を就業規則に明記することで適用することができます。

【図表66　在宅勤務導入に伴うデメリット対策】

①　対象業務、対象者の範囲を限定する 　テレワークに向いている職種、対象は次のような仕事となります。 ・外部の顧客対応が少ない自己完結性の高い仕事 ・対面によるコミュニケーションが少ない仕事 ・成果の評価を客観的に行いやすい仕事 ・ある程度、指示を受けずに自己の裁量で仕事を進められる立場の社員 ②　情報漏洩対策（ＰＣのセキュリティ対策） 　自宅の個人ＰＣを使うよりも、会社所有のＰＣを業務専用とするほうが安全です。最新のウイルスセキュリティソフトを装備し、ソフトウェアのダウンロード等は承認制とします。 ③　労災保険の適用を意識したルールをつくる 　業務上か業務外の区別を明確にするためにも、最低限次の事項を定め実施します。 ・１日の始業･終業時刻を記入した業務日報の提出を義務づけること ・自宅以外の場所（図書館や喫茶店など）では業務を行わないこと

★在宅勤務でも残業管理は重要ポイント

在宅勤務導入に伴うデメリット対策は、図表66のとおりです。

在宅勤務のよくあるトラブルとして、残業の取扱いがあります。

みなし労働を適用する以上、在宅勤務者には残業はないものとし、業務の都合上やる必要がでた場合に限り、予定時刻を事前に申請させます。そして、③の業務日報で結果を報告した分のみ残業として取り扱います。

また、上記の対策を踏まえたルールブックを作成･配布し、対象者と個別に契約書を結ぶこともトラブル防止の観点からいえば重要です。

Q45　妊娠・出産・育児をする社員の処遇を決めるときの問題は

A　会社は、妊娠や出産、育児を理由として、その社員を解雇その他不利益な取扱いをすることは法律で禁止されています。トラブルを招くためやってはいけません。

★妊娠・出産時の会社の負担コストと本人への給付金

妊娠や出産による休業時には、解雇等の不利益な取扱いは禁止ですが、給料の支払いは不要です。社会保険に加入していれば、産前6週間及び産後8週間の産前産後休業時には「出産手当金」により給料の3分の2相当額が給付され、社会保険料も申請により会社・本人ともに免除となります。

★育児休業時の会社の負担コストと本人への給付金

育児休業中も無給で何ら問題ありません。産前産後休業同様に、育児休業中も会社・本人ともに社会保険料が免除となります。なお、本人には雇用保険から休業開始時の給料の67％（育児休業の開始から6ヶ月経過後は50％）相当額の育児休業給付金が支給されます。

★問題はコストよりも代替要員の確保

女性社員の出産・育児の場合、復帰するかどうかが懸念材料です。母子の健康面への配慮はもち

【図表67　法律で解雇が禁止されている期間・理由の具体例】

①　産前産後の休業中およびその後の30日間は解雇禁止 （労基法19条）
②　業務上災害（労災）により療養するための休業期間およびその後の30日間は解雇禁止 （労基法19条）
③　労基法違反の行政機関（労働基準監督署）への申告を理由とする解雇は禁止 （労基法104条）
④　女性社員の婚姻、妊娠、出産を理由とした解雇は禁止 （均等法９条）
⑤　妊娠中および出産後１年を経過しない女性社員の解雇は禁止 （均等法９条）
⑥　育児休業の申し出、取得を理由とする解雇は禁止 （育児・介護休業法10条）
⑦　介護休業の申し出、取得を理由とする解雇は禁止 （育児・介護休業法16条）

ろん必要ですが、復帰の意思や時期などは休業に入る前に十分協議する必要があります。

★解雇禁止期間

図表67は、法律で解雇が禁止されている期間の具体例です。

社員側にもこの解雇禁止規定は広く認知されてきていますので、解雇は即トラブルへ発展します。

どうしても、代替要員との入替えが必要な場合は、条件面を交渉し、合意のうえで退職してもらうしか方法はありません。

その際も、無理強いはトラブルを招くため慎重に行います。

Q46　育児休業から社員が復帰するときの問題は

Ａ　原則として育児休業前の待遇、給与にて原職復帰させることが必要です。労働条件を変える場合にはマタニティハラスメント（マタハラ）にならないように慎重な対応が求められます。

★一つの最高裁判決をきっかけに以前よりも厳しい判断基準が明示

平成26年10月にマタハラ訴訟として初の最高裁判決が下されました。この判決では、明確な同意や特段の事情がない限り、妊娠を理由とした降格は原則違法という判断がなされました。

その後、この裁判をきっかけとして、マタハラに関わる不利益な取り扱いについて次のような判断基準が厚生労働省より出されました。

★マタニティハラスメントとしての違法な不利益取扱の判断基準

(1)　妊娠・出産・育休等の事由を「契機として」不利益取扱いが行われた場合は、原則として妊娠・出産・育休等を「理由として」不利益取扱いがなされたと解され、法律違反となる。

(2)　「契機として」の解釈は原則、妊娠・出産・育休等の事由の終了から1年以内に不利益取扱いがなされた場合は「契機として」いると判断する。ただし、事由の終了から1年を超えている場合であっても、実施時期が事前に決まっている、又は、ある程度定期的になされる措置（人事異動

（不利益な配置変更等）、人事考課（不利益な評価や降格等）、雇止め（契約更新がされない）などについては、事由の終了後の最初のタイミングまでの間に不利益取扱いがなされた場合は「契機として」いると判断する。

★例外として不利益な取り扱いが認められるケースもある

次のようなケースでは法律違反とはならないという基準も合わせて出されました。

(1) 業務上の必要性から不利益取扱いをせざるを得ず、業務上の必要性が、当該不利益取扱いにより受ける影響を上回ると認められる特段の事情が存在するとき

(2) 労働者が同意している場合で、有利な影響が不利な影響の内容・程度を上回り、事業主から適切に説明がなされる等、一般的な労働者なら同意するような合理的な理由が客観的に存在するとき

★判断基準が抽象的だからこそ、最低限会社がやるべき3つの事項

(1) 会社の就業規則として法律に合致した育児休業規程を整備し、法律で求められる要件を経営者、人事担当者が内容を理解しておくこと

(2) 人事異動や給与改定を実施する場合は事前に、十分本人に説明すること（できればこの説明も口頭ではなく書面にて明示する）

(3) 本人の自由な意思のもとに同意したことを証明する書類（同意書等）を整備しておくこと

Q47 ３６協定や就業規則の作成で社員の過半数代表者を会社が勝手に選んだ場合の問題は

Ａ ３６協定を締結する手続き自体に違法性があり、締結したその協定自体が無効とされてしまいます。就業規則作成の際の意見聴取でも同様のリスクがあります。

★事業所での労働組合の有無により協定の当事者が違う

事業所に過半数労働者で組織する労働組合がある場合は、その労働組合が協定の当事者になります。労働組合がない場合は、当該事業所の「労働者の過半数を代表する者」が当事者になります。

★労働者の過半数代表者の要件と役割

労働者の過半数代表者になるためには図表68の要件があり、誰でもなれるわけではありません。改めて、自社の過半数代表者が適性であるか確認する必要があります。

もし、過半数代表者の選出が適正に行われていない場合、残業に関する３６協定を締結し、労働基準監督署に届け出てもその協定自体が無効とされてしまいます。

なお、社員の過半数代表者の役割は会社の経営陣と社員の間に立ち、職場の意見集約や社内調整を行う非常に重要なポジションとなります。

【図表68　社員の過半数代表者の要件と選出方法のポイント】

・①労働基準法第４１条第２号に規定する管理監督者でないこと
※管理監督者とは、一般的には部長、工場長など、労働条件の決定その他労務管理について経営者と一体的な立場にある人を指します。
・②何のための手続き、協定を結ぶ過半数代表者を選出するのかを明らかにしたうえで、投票、挙手などにより選出すること
※選出手続きは、投票、挙手の他に、労働者の話し合いや持ち回り決議などでも構いませんが、労働者の過半数がその人の選任を支持していることが明確になる民主的な手続きがとられていること
※会社の代表者が特定の労働者を指名するなど、使用者の意向によって過半数代表者が選出していないこと

★過半数代表者の選出については記録を残すのがベスト

労基監督署などの調査でこの代表者の選出方法について疑義がもたれることも想定されます。選出手続は、投票、挙手の他に、話し合いなどでも構いませんが、選出過程が明確になるように、口頭ではなく書面など記録として残しておくのがベストです。

★過半数代表者は事業所ごとに選出する

３６協定や就業規則は原則として、事業所ごとに届出する必要があります。全て内容が同一であれば一括届出の方法もありますが、その場合でも社員過半数代表者は事業所ごとに選出します。

★就業規則の作成、改定でも過半数代表者は重要

就業規則の作成や改定を実施すると、とかく規則の内容にだけ目がいき、その後の手続がいい加減になることも考えられます。

しかし、規則の内容ばかりではなく、適切に過半数代表者を選出し、過半数代表者と協議、意見聴取をするというプロセスは、作成した規則を現場で活かすという意味では重要な要素といえます。

Q48　業務委託・請負で契約していた人が労働者とみなされたときの問題は

Ａ　労働者とみなされると、労働基準法や労働組合法といった労働法の適用をうけ、残業代の請求や不当解雇、団体交渉への対応といった通常の労働者と同じトラブルが発生する恐れがあります。

★労働者の解釈、定義は法律によって違う

実は、労働者という範囲は、法律によって定義が異なり、結果として労働者としてみなされる範囲も変わってきます。会社として理解しておくべきポイントは、労働組合法と労働基準法との違いであり、労働組合法の労働者の範囲の方が広くなっています（図表69）。

★労働組合法の労働者と認められると団体交渉に応じる義務が発生する

図表69のとおり、労働組合法上の労働者は労働基準法上の労働者よりも広く解釈される傾向になっています。

そのため、残業代や解雇といった問題は生じない業務委託や請負で契約した人であっても、団体交渉に応じる義務が生じる可能性があります。

大手コンビニチェーンのフランチャイズオーナーが労働組合法上の労働者に当たるとして、フランチャイズ本部に対し団体交渉に応じる義務があるという行政指導をしている実例もあります。

★労働組合法上の労働者性の判断基準

図表70のような6つのポイントで個別に判断されます。業務委託や請負契約で外注先を活用する場合でも、労働者とみなされる可能性があることは理解しておくべきです。

【図表69　労働基準法と労働組合法での労働者の範囲の違い】

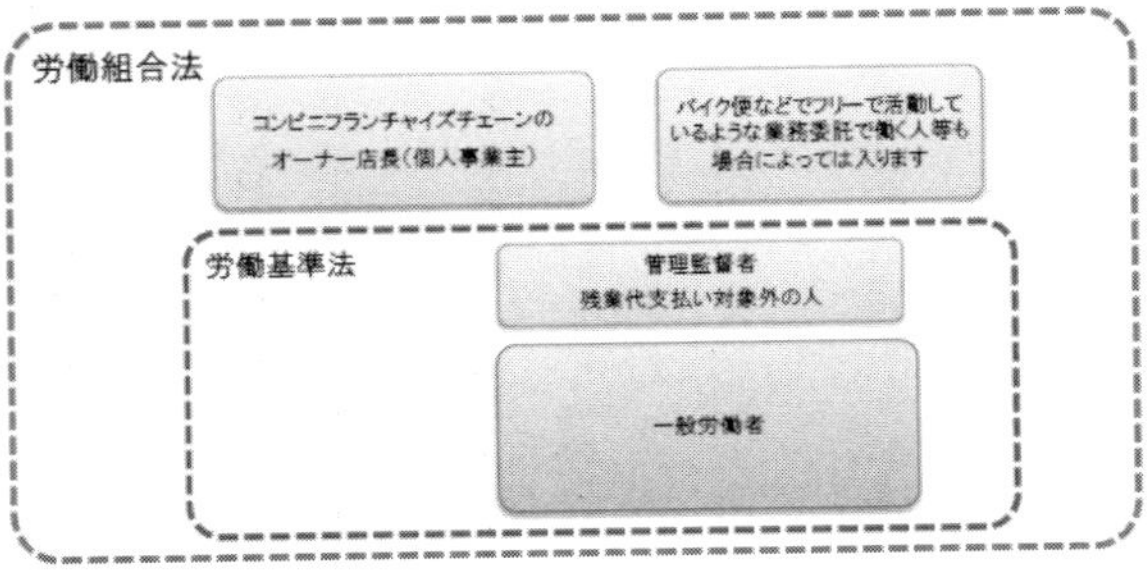

【図表70　労働組合法上の労働者性の判断基準のポイント】

①事業組織への組み入れ
労務供給者が相手方の事業遂行に不可欠ないし枢要な労働力として組織内に確保されているか

②契約内容の一方的・定型的決定
契約の締結の態様から、労働条件や提供する労務の内容を相手方が一方的・定型的に決定しているか

③報酬の労務対価性
労務供給者の報酬が労務供給に対する対価又はそれに類するものとしての性格を有するか

④業務の依頼に応ずべき関係
労務供給者が、相手方からの個々の業務の依頼に対して、基本的に応ずべき関係にあるか

⑤広い意味での指揮監督下の労務提供、一定の時間的場所的拘束
労務供給者が、相手方の指揮監督の下に労務提供を行っていると広い意味で解することができるか、労務の提供にあたり、日時や場所について一定の拘束をうけているか

⑥顕著な事業者性
労務供給者が、恒常的に自己の才覚で利得する機会を有し自らリスクを引き受けて事業を行う者とみられるか

Q49　ストレスチェックをしなかったときの問題は

A　労働者50人以上の事業場では平成27年12月1日よりストレスチェックの実施が義務化されました。未実施の場合、直接の罰則はないが安全配慮義務違反に問われるリスクがあります。

★未実施の場合、直接の罰則はないが安全配慮義務違反に問われるリスク

ストレスチェックを怠った場合、現状直接罰則が課されるようにはなっていません。しかし、罰則がないからといって、ストレスチェックはメンタルヘルス対策として会社に義務化されたものです。従って、ストレスチェックの実施は大きな意味で会社の安全配慮義務となります。

よって、ストレスチェックを実施していない職場で労働者がうつ病などの精神疾患になった場合、安全配慮義務違反が問われるリスクがあります。図表71の通り、近年精神疾患の労災請求・認定件数が増加傾向にあります。これは、長時間労働などによる脳・心臓疾患の認定件数を超えています。企業にとってストレスチェックを放置することは労務問題のリスクを高める要素となります。

★ストレスチェックの実施義務対象者は定期健康診断の対象者と同じ

ストレスチェックの実施義務の対象となる者は全ての労働者ではありません。契約期間が1年未満の労働者や労働時間が通常の労働者の所定労働時間の4分の3未満の短時間労働者は義務の対象

【図表 71　精神疾患の労災認定件数推移】

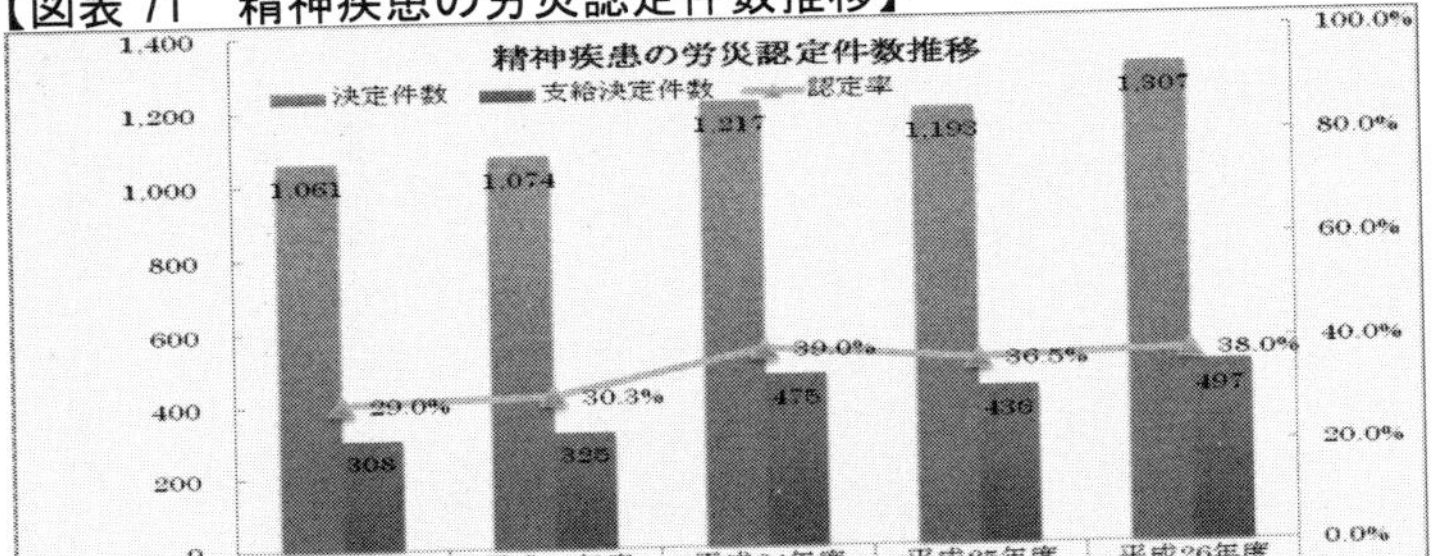

	平成22年度	平成23年度	平成24年度	平成25年度	平成26年度
決定件数	1,061	1,074	1,217	1,193	1,307
支給決定件数	308	325	475	436	497
認定率	29.0%	30.3%	39.0%	36.5%	38.0%

（資料出所：厚生労働省　H27.6.25　報道発表資料）
・決定件数は、当該年度内に業務上又は業務外の決定を行った件数で、当該年度以前に請求があったものを含む。
・支給決定件数は、決定件数のうち「業務上」と認定した件数。
・認定率は、支給決定件数を決定件数で除した数。

外となっています。よって、短期アルバイトなどの労働者には実施義務はありません。

★実施義務は会社にあるが社員に受診義務はない

会社にはストレスチェックの実施義務がありますが、社員には受診義務はありません。あくまでも労働者の自主的なチェックによるメンタルヘルス不調の予防が目的にあります。とは言うものの、会社としては全ての対象者に案内をし、また、チェックを受けなかった人に受診することを勧奨することが求められています。よって、これらの記録を残しておくことも重要になります。

★労働基準監督署への報告書の提出義務もあり

ストレスチェックの実施義務のある50人以上の労働者を使用する事業者は、既に義務化されている定期健康診断結果の報告と同じように1年以内ごとに1回、定期に、このストレスチェックの検査結果を労働基準監督署に報告する義務があります。

Q50 ストレスチェックを実際に実施するうえでの問題は

Ａ ストレスチェック自体は誰でもできるわけではなく医師などに限定されています。また、実施に際して労働者に対する不利益取り扱いについて多くの禁止事項が定められています。

★ストレスチェック制度の会社の大きな３つの義務

大まかにいうと、会社がストレスチェック制度で求められる義務は次の３つになります。

① ストレスチェックを実施すること
② 検査の結果、高ストレス者に対して医師による面接指導を実施すること
③ 医師の意見を聴いた上で、必要な場合には、適切な就業上の措置を講じること

★ストレスチェック自体は誰でもできるわけではない

ストレスチェックの実施義務を負うのは企業ですが、実際にストレスチェックを実施するのは、①医師、②保健師、③一定の研修を受けた看護師または精神保健福祉士と限定されています。中でも、医師であるその事業場の産業医が中心になることが望ましいとされています。よって、①から③以外の社長や人事部長が社員のストレスチェックを実施してはいけません。

【図表72　ストレスチェックに係わる不利益な取扱の禁止事項】

ア　労働者が受検しないこと等を理由とした不利益な取扱い ①ストレスチェックを受けない労働者に対して、これを理由とした不利益な取扱いを行うこと。 ②ストレスチェック結果を事業者に提供することに同意しない労働者に対して、これを理由とした不利益な取扱いを行うこと。 ③面接指導の要件を満たしているにもかかわらず、面接指導の申出を行わない労働者に対し、これを理由とした不利益な取扱いを行うこと。 イ　面接指導結果を理由とした不利益な取扱い ①措置の実施に当たり、医師による面接指導を行うこと又は面接指導結果に基づく必要な措置について医師の意見を聴取すること等の法令上求められる手順に従わず、不利益な取扱いを行うこと。 ②面接指導結果に基づく措置の実施に当たり、医師の意見とはその内容・程度が著しく異なる等医師の意見を勘案し必要と認められる範囲内となっていないもの又は労働者の実情が考慮されていないもの等の法令上求められる要件を満たさない内容の不利益な取扱いを行うこと。 ③面接指導の結果を理由として、次に掲げる措置を行うこと。 （ａ）解雇すること。 （ｂ）期間を定めて雇用される者について契約の更新をしないこと。 （ｃ）退職勧奨を行うこと。 （ｄ）不当な動機・目的をもってなされたと判断されるような配置転換又は職位（役職）の変更を命じること。 （ｅ）その他の労働契約法等の労働関係法令に違反する措置を講じること。

★会社が自由に結果を把握することはできない

ストレスチェックの実施義務は会社にあります。しかし、その結果については労働者本人の同意がない限り、事業者は把握してはいけないこととなっています。あくまでもストレスチェックの目的は予防です。うつ病などの精神疾患者のあぶり出しではありません。

★労働者への不利益取り扱いの禁止

事業者にとってはストレスチェックの実施やその結果を踏まえ、人事異動など様々な対応や対処を考えたいと思うかもしれません。しかし、ストレスチェックの実施には、多くの不利益な取り扱いに関する禁止事項が法律やその指針において定められており(図表72)、これらに該当する場合、労務トラブルに発展するリスクもあります。

Q51　社員のSNS利用マナー・ルールを作成するときの問題は

Ａ　人によってこれぐらいは問題ないと考えるレベルが違う為、自社の判断基準を具体的に示したうえで、モラルを高めるために社員教育を実施する必要があります。

★会社の機密情報、業務に関わる個人情報の漏えいに対する懲戒処分を定める

近年飲食店や小売業、旅館業をはじめとしたサービス業を中心に、社員が発信したツイッターやフェイスブックをはじめとするソーシャルネットワーキングサービス（ＳＮＳ）をきっかけとしたトラブルが後を絶ちません。

まずは、やってはいけないことを規則に明記し周知する必要がありますので、就業規則の服務規律や懲戒事由に規定しておきます。

★匿名、実名問わず炎上してしまうリスクはある

匿名であればこのぐらい大丈夫と考える社員もいるかもしれませんが、炎上騒ぎになればすぐに個人が特定され勤務先が判明する時代となっています。

社員の何気ない投稿がきっかけで炎上し、企業が謝罪し企業イメージが悪化するケースも多く発生しているため、注意喚起が必要です。

【図表73　ＳＮＳで炎上する項目分類】

①顧客（消費者）の個人情報に関する投稿（プライバシーの侵害問題） ②会社の機密情報に関する投稿 ③第三者の著作物の模倣、無断転載に関する投稿 （著作権等に関する問題） ④違法行為に関する投稿 ⑤誹謗中傷、名誉棄損、差別表現に関する投稿 ⑥やらせ行為、虚偽の内容に関する投稿

★ガイドラインの作成、社員研修には過去の失敗事例を教材にする

概ね、ＳＮＳによる炎上は図表73の項目によります。

全てのＳＮＳの利用を禁止するというのも無理があります。自社のガイドライン作成や社員研修をする場合は、過去の問題事例をもとに本来はどうするべきであったかを自社の判断基準で検討し、現場のアルバイトやパートタイマーまでを含めた全ての社員に通じる言葉に変換して作成する必要があります。また、やってはいけないというモラルを高めるためには、図表73の項目それぞれの投稿をした場合に、本人と会社がそれぞれどんな罪に問われてしまうのか？　どんな責任が生じてしまうのかということを周知し、理解させることも重要です。

★会社の公式アカウントが炎上するパターンもある

ＳＮＳは今や大きな広告宣伝のツールとなっており、大企業をはじめ多くの企業が会社の公式アカウントを設置し、そこから会社としての情報発信を行っています。

しかし、この公式アカウントからも投稿した内容が炎上するパターンもあります。表現の自由があるとはいえ、何でも発信していいわけではありません。

⑥ 労災保険と雇用保険をめぐる問題と対処法

Q52　家族従業員を労働者として扱うときの問題は

Ａ　家族従業員が事業主と同居している場合には、原則として労基法の「労働者」の対象外です。別居の場合には、他の社員同様に「労働者」と扱って問題ありません。

★例外として「同居の親族」を「労働者」として取り扱ってよい条件

事業主と同居の親族であっても、次の条件をすべて満たせば「労働者」として扱ってもよいとされています。

(1)　同居の親族の他に一般社員が存在していること。

(2)　就労の実態が、当該事業場における他の社員と同様であり、給料もこれに応じて支払われていること。

(3)　労働時間の管理方法や給料の決定、計算方法が明確に定められており、かつ、その管理が他の社員と同様になされていること。

(4)　業務を行うにつき、事業主の指揮命令に従っていることが明確であること。

★トラブルの原因は労災保険、相手は国

労務トラブルといえば、会社が争う相手は社員であることがほとんどです。

【図表74　労災保険の適用をめぐるトラブル事例】

社長の息子（同居）が仕事中にケガ
↓
社長は、当然のように労災を申請
↓
他の労働者はいたが、息子は労働時間や給与など特別扱いであった
↓
労基監督署は、労災保険給付を不支給とした
↓
納得がいかない社長は、国を相手に不服申立をした

しかし、社員＝家族である場合には、労務トラブルで揉めることは考えられません。争うのであれば、別の理由が想定されます。

家族従業員のトラブルは、「労災保険」の適用問題、つまり、事故が起こった際に家族従業員に労災が使えるかどうかということです。図表74は家族従業員に関する労災保険適用のトラブル事例です。国の下した決定に納得がいかない場合には、即訴訟とはいきません。審査請求や再審査請求といった手続を経て裁判となります。

過去にも、裁判にまで発展し、結果、労災不支給の認定が覆った（最終的に労災適用がなされた）ケースもあります。

争う相手が違うとはいえ、この労災適用問題も一種の労務リスクです。社長としては、後継者候補ともいえる同居の親族の保険をどう取り扱うかは非常に重要な問題です。

業務災害に対する備えとしては、①同居の親族の特例要件を満たすように管理する、②労災保険の特別加入制度を利用する、③民間の傷害保険に加入する、の３パターンが考えられます。

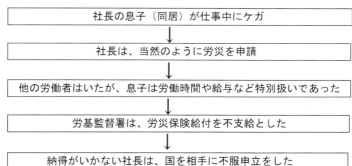

Q53 家族だけで事業経営しているときの保険加入の問題は

Ａ　同居の家族だけであれば、労働保険の加入は不要です。ただし、社会保険は、法人であれば強制加入のため、家族だけで事業を行っている場合でも加入義務が発生します。

★個人事業の社会保険の取扱い

法人は、すべて社会保険が強制適用になりますが、個人事業は、業種と社員数によって強制適用になる場合と、希望があれば加入できる場合（これを任意適用といいます）に区分されます。

社員数が5名未満の場合には、すべての業種が任意適用となります。

5名以上になると、業種により引き続き任意適用となる場合と、強制適用になる場合があります。

家族従業員だけで5名以上となる事業体はあまり考えられませんので、逆にいえば、社会保険に入りたくないのであれば4名までで事業運営を行えば問題はないといえます。

★家族だけであれば労務トラブルは起こらない

はっきりいって、家族だけで事業を行っている段階では、労務トラブルの想定自体がナンセンスです。生計を共にしていることがほとんどであり、会社のことは自分たちのことです。この場合には、労働保険ではなく、社会保険をどうするか、節税等の面も考慮して検討する必要があります。

Q54 生え抜き社員が役員昇格したときに生じる問題は

A 役員は、原則として「労働者」ではなく、「使用者」と解釈されます。そのため、労働者として雇用保険の適用を受けたいときは、兼務役員の届出が必要となります。

★兼務役員の届出

中小企業の場合、役員に就任したとしても、他の社員同様の仕事をすることも多々あります（例えば、取締役営業部長などの肩書の人）。

このような、役員と社員両方の仕事を行う立場の社員を「兼務役員」といい、役員であっても所定の届出（図表75）をハローワークに行うことで、例外的に雇用保険に加入することができます。

★未届の場合どうなるか―その社員をどう扱うかが問題

兼務役員が退職時に失業給付を受給できない可能性がある場合は、会社が損害賠償を受けるリスクがあります。受給できたとしてもそれは不正受給となります。

また、労働者なのか使用者なのかの権利関係が不明確になります。労働者（兼務役員）であれば、退職金の勤務年数は通算されますし、むやみに解雇もできません。逆に使用者（専従役員）であれば退職金はその時点で支給し、労基法の適用からも除外されることとなります。

【図表 75　兼務役員等の雇用実態証明書の例】

兼務役員等の雇用実態証明書

被保険者番号	氏名	生年月日	
―　―		昭和・平成　年　月　日	
役名	職名	役員就任年月日	代表権
		平成　年　月　日	有・無

服務態様	①就業規則等の適用	ア．全条項適用あり　イ．適用なし ウ．一部除外条項あり（始業・就業・休憩時間・休日・休暇・時間外労働・退職） （その他：　）
	②出勤義務	ア．常勤：勤務拘束時間　時　分～　時　分（週所定労働時間　時間） イ．非常勤：出勤指定日（　）
	③現に従事する労務の内容と指揮命令者	（具体的に） 指揮命令者（　）
	④役員としての担当業務内容及び根拠	（具体的に） 根拠（定款・総会・役員会） 業務執行権（有・無）
給与等	①給与等の形態及び役員報酬との区分	ア．月給制　イ．日給月給制　ウ．年俸制　エ．その他（　） ア．役員報酬との区分あり　イ．役員報酬との区分なし
	②月額給与等の金額及び根拠規定、経理上の支出区分	ア．役員報酬：月額＿＿＿円　規定（　）　経理区分（　） イ．賃金：月額＿＿＿円　規定（　）　経理区分（　）
	③賞与等	ア．あり（役員に準ずる・従業員に準ずる・その他：　） イ．なし
その他	①本人に関する適用状況	・労災保険　・健康保険　・厚生年金　・その他（　）
	②本人に関する備付け諸帳簿等	・労働者名簿　・賃金台帳　・出勤簿　・雇用契約書　・その他（　）
	③事業主との関係	ア．親族（同居）　イ．親族（別居）　ウ．親族以外

役員報酬が50%を超えると否認されます。

上記の者に係る記載について、相違ないことを証明します。
なお、上記内容に変更が生じた場合には、再提出若しくは資格喪失する等速やかに届出ます。
平成　年　月　日

公共職業安定所長　殿

事業所所在地
事業所名称
事業主名　㊞
電話番号
適用事業所番号　―　―

非常に多くの添付書類が必要です。

社会保険労務士欄	

＜添付書類＞　労働者名簿、賃金台帳、出勤簿、商業登記簿謄本、定款、就業規則、賃金規定、役員報酬規定又は議事録、人事組織図、役員就任議事録、法人税関連資料⑭号「役員報酬手当等及び人事費の内訳書」、その他必要書類

公共職業安定所確認事項	被保険者性
	ア．あり イ．なし

課長	係長	係

Q55 通勤手当の申請経路とは違う場所で事故にあったときの問題は

Ａ　会社に申請した経路とは違っていたとしても、実際の通勤経路が合理的であれば労災適用になります。ただし、虚偽申請の処分を別途検討する必要があります。

★ウソをついても労働者は保護される

労災保険の趣旨が「労働者の公正な保護」であるため、事故が発生した際の通勤経路自体に合理性があれば労災保険は問題なく適用されます。

最も想定されるケースとしては、会社には電車での通勤定期券代を申請し、実際には車・バイク・自転車等の手段により通勤することがあげられます（通勤手当の水増し請求、架空請求）。

★労災保険における通勤災害認定基準

労災保険法において通勤災害と認められる「通勤」とは、就業に関し次に掲げる移動を合理的な経路および方法により行うことをいい、業務の性質を有するものは、除かれます。

(1) 住居と就業の場所との間の往復。
(2) 就業の場所から他の就業の場所への移動。
(3) 住居と就業の場所との間の往復に先行し、または後続する住居間の移動。

★虚偽申請による服務規定違反

通勤手当の水増し・架空請求は、虚偽の申請として、当然ながら服務規定違反といえます。

会社としては、そのような行為が発見された場合には、何らかの処分が下せるような服務事項・懲戒処分項目を規定しておくことが必要です。

★虚偽申請の対処法

社員からの水増し請求自体を防止するためには、通勤手当の支給申請には領収書や定期券の写しを提出させるようにすべきです。社員から「どうせバレない」と思われては問題です。

★虚偽申請で揉める要素は

虚偽申請で揉める要素は、次の点です。

(1) 虚偽申請に関しての懲戒処分が解雇等重過ぎる場合。

(2) 会社側が虚偽申請を事由に、労災保険自体を使わせてくれない場合(印鑑を押してくれない等)。たとえ虚偽申請であったとしても、労災保険の手続については、社員には申請する権利がありますので行う必要があります。

処分の重さについては、虚偽申請とはいえ、さすがに解雇は重過ぎる処分といえるでしょう。事案の内容や金額にもよりますが、水増し・架空請求分の通勤手当を返還させたうえで、始末書を提出させる程度に留めるべきです

Q56 社員が社有車で商品を配送中に事故にあったときの問題は

A 仕事を行う過程での事故は、労災保険（業務災害）が適用されます。交通事故の場合には、自動車保険も使えるため、本人がどちらを使うか選択することになります。

★労災保険と自動車保険（自賠責保険）はどちらがトクか

労災保険と自動車保険は、同一事由による補償になるため、どちらを適用するかを選ぶ必要があります。

病院としては、自由診療で扱える自動車保険を勧めます（そのほうが儲かるからです）。しかし、あくまでも被災者が自由に選択できるようになっています。

自動車保険を利用するほうが会社としては手続を保険屋さんに任せられるので楽ですが、被災者にとっては労災保険を活用するほうが次のメリットがあります。

⑴ 被災者に過失があっても負担が発生しない

交通事故では過失割合がしばしば問題となりますが、労災保険では過失割合に関係なく治療費が全額保障され、休業補償についても過失相殺されません。

⑵ 公的保険のため治療費自体が安くなる

自動車保険を利用すると病院では自由診療の扱いとなり、同じ治療を受けているにも関わらず治療費自体が2倍に跳ね上がることもあり得ます。

(3) 治療費の限度金額がない

相手方が任意保険に入っておらず自賠責保険にしか加入していない場合、自賠責保険には傷害120万円という限度額があります。一方、労災保険には治療費の限度額がなくこの点でも有利です。

このように、自動車保険よりも労災保険にメリットがあります。ただし、被災者が無過失かつ治療費や休業補償の合計金額が120万円以内に収まる軽微な事故であれば、自動車保険（自賠責保険）でも何ら問題はありません。

★業務上災害のため、会社の責任が問われる恐れあり

通勤途中での交通事故であれば会社は関係ありませんが、業務上の事故の場合、「使用者責任」（Q41参照）を問われる可能性があります。社有車の整備や保険を完備させておくのはもちろんですが、交通ルールを順守させるモラルを社員に定着させる必要があります。

★会社と社員が揉める要素は

あまり想定されませんが、事故を起こしたことに伴う処分の程度や会社が労災保険の手続を拒否することです。事故原因にもよりますが、会社に損害を与えたということで「始末書」（Q34参照）は書かせておくべきです。

Q57 社員が勤務中に病気になったときの問題は

A 仕事と病気に因果関係が認められれば、労災適用になります。

会社としては、長時間労働などの職場環境が病気の一因であると認定されれば、責任を問われることもあるため注意が必要です。

★脳・心臓疾患（脳梗塞や心筋梗塞など）の労災認定基準

脳梗塞などの病気は、長年の生活習慣や食生活が大きく影響する病気です。しかし、次の認定基準により「仕事」が病気の発症の「大きな原因」と認められれば、健康保険ではなく労災保険の適用が可能となります。

(1) 発症直前から前日までの間において、発生状態を時間的・場所的に明確にし得る異常な出来事に遭遇したこと。

(2) 発症に近接した時期において、特に過重な業務に就労したこと。

(3) 発症前の長期間にわたって、著しい疲労の蓄積をもたらす特に過重な業務に就労したこと。

最も明確な判断指標が「労働時間（残業時間）」です。

現状、月に45時間以上の残業が発生すると発症の「関連性が強まる」とされ、発症前2～6ケ月平均で80時間または発症前1ケ月に100時間を超える残業で「関連性が強い」とみなされています。

【図表76　脳・心臓疾患の労災認定件数推移】

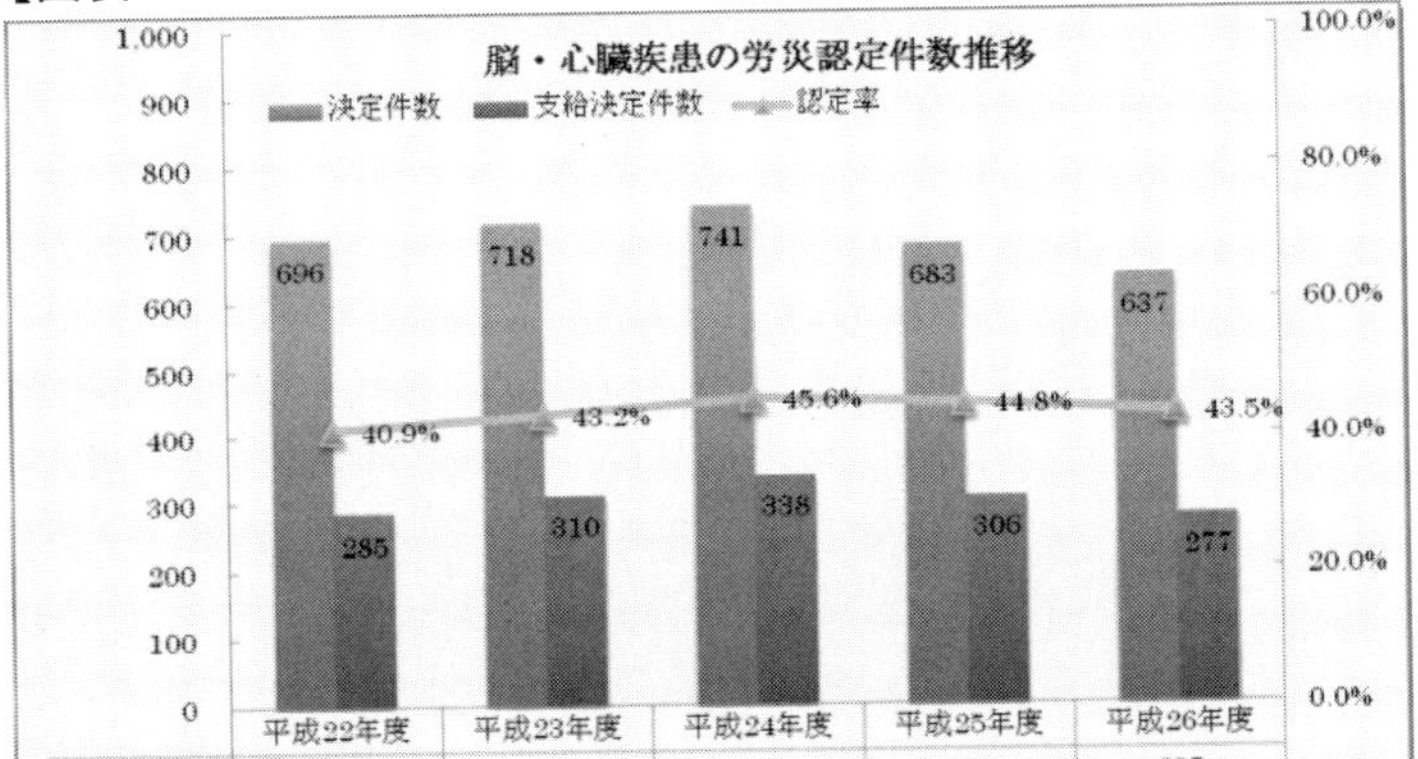

	平成22年度	平成23年度	平成24年度	平成25年度	平成26年度
決定件数	696	718	741	683	637
支給決定件数	285	310	338	306	277
認定率	40.9%	43.2%	45.6%	44.8%	43.5%

※決定件数とは、業務上または業務外かの決定を行った件数であり、支給決定件数はそのうちの業務上（労災）認定が下りた件数。
（資料出所：厚生労働省　H27.6.25　報道発表資料）

★会社には職場環境の安全配慮義務がある

会社には、「労働者がその生命、身体等の安全を確保しつつ労働することができるよう、必要な配慮をするものとする」(契約法5条)という安全配慮義務が課せられています。

そのため、限度を超す長時間労働や、劣悪な作業環境下による仕事が原因で病気が発症した場合、損害賠償責任が生じる恐れがあります。

★職場のストレスによる精神疾患が増加傾向

（Q49参照）

近年は職場でのハラスメント、嫌がらせに起因する精神疾患による労災請求事案が増加しています。

平成26年度は１３０７件の決定件数があり、そのうち４９７件が業務上災害として労災認定がなされています（過去最多件数）。

Q58 労災保険未加入時に事故が起こったときの問題は

Ａ 労働者保護の観点から、労災保険に未加入時の事故であっても、保険適用は可能です。ただし、未加入に対するペナルティが会社に課されてしまいます。

★通勤災害はどんな業種でも発生のリスクがある

「ウチの業種（仕事）じゃ労災なんて起こらないからいいよ」と言われる経営者もいます。

労災保険は、事故の発生リスクに応じて保険料率が定められています。

確かに、事故が起こりやすい業種（建設業や製造業など）もあれば、起こりにくい業種（金融業や事務系のホワイトカラー業種）もあります。

しかし、通勤災害はどうでしょうか。住込みは別として、すべての業種に発生のリスクがあります。人を１人でも雇うことになったら、たとえ短期間のアルバイト１人であっても、労災保険は必要になります。

★労災保険未加入時の事故ペナルティ

労災保険未加入時の労災事故については、遡って保険料を徴収するほかにも、ペナルティとして図表77の区分により給付金額を徴収することになっています。

【図表77　給付金額を徴収するペナルティ】

＜100%のペナルティ＞

①　労災保険の加入手続について行政機関から指導を受けたにも関わらず、手続を行わない期間中に事故が発生した場合

↓

事業主が「故意」に手続を行わないものと認定し、当該災害に関して支給された保険給付額の100%を徴収。

＜40%のペナルティ＞

②　労災保険の加入手続について行政機関から指導等を受けてはいないものの、労災保険の適用事業となったときから１年を経過して、なお手続を行わない期間中に事故が発生した場合

↓

事業主が「重大な過失」により手続を行わないものと認定し、当該災害に関して支給された保険給付額の40%を徴収。

行政指導を受けておらず、かつ社員が入社から1年未満であればペナルティはありません。

早急に手続をし、保険料を払えば済みます。

ちなみに、労災保険は場所ごとに加入することになります。

同じ会社であっても、支店を開設した場合には、その都度労災保険が成立することになります。

★労基監督署への密告原因になる

社員が労基監督署へ駆け込んで発覚するパターンもあり、労災保険未加入は労務トラブルの大きな原因となります。

社員を一人でも雇ったら、必ず加入します。

Q59 インターンシップ研修生が仕事中にケガをしたときの問題は

A インターンシップ研修生に対して給料を支払い、社員同様に扱えば労災保険が使えます。無給の場合には、労働者ではなく労災保険が使えませんので健康保険で対応します。

★支払う給与の基準はいくらか

労働者とは、職業の種類を問わず、事業または事務所に使用される者で、賃金を支払われる者をいいます。加えて、労働者として他の社員同様に扱うとすれば、「最低賃金法」の制約を受けることにもなります。

このことより、インターンシップ等の入社前社員に対しては、少なくとも最低賃金以上の金額を支払うことが労災保険適用の基準といえます。

★会社が給与を負担したくないときはどうするか

本来、インターンシップの学生と会社には、雇用関係はありません。したがって、労働者とみなさずに無給でも問題ありません。ただし、無給の場合には、ネームバリューのある大企業や人気職種でなければ学生の募集そのものがないという課題もあります。

傷害保険については、受入元の大学側が準備する場合もあれば、受入先会社にて用意する場合も

【図表78　インターンシップのメリットとデメリット】

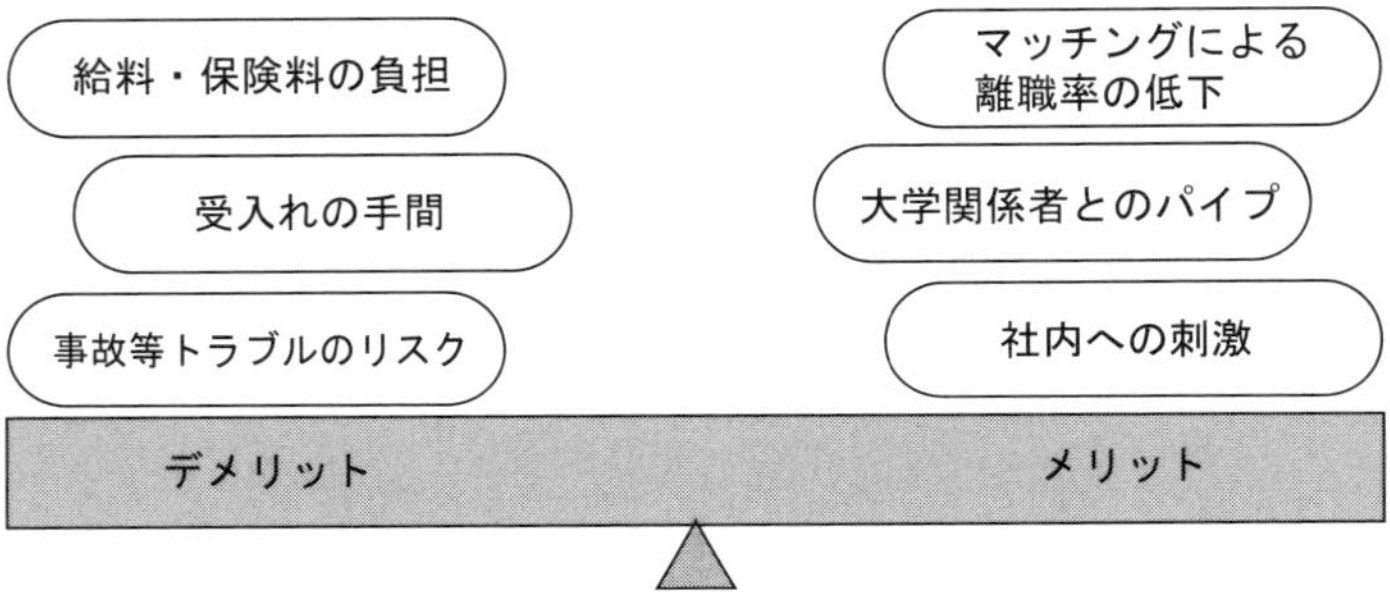

あります。

企業としてリスクを減らしたければ、大学側の保険加入を受入条件の1つとすれば解決します。

★内定者の入社前研修の取扱い

インターンシップの類似案件として、入社予定の内定者への研修を行う場合にも同じようなことが考えられます。

内定は、一種の労働契約とみなされますので、企業側には入社前の段階とはいえ、当然のことながら安全配慮義務が生じることとなります。

この場合には、インターンシップと違い、小額でも給料を支払うべきです。

★研修なのか通常の労働なのか

インターンシップには明確な基準や線引きはないものの、あくまでも職場体験、研修です。

他の社員と同様に働くのであればそれはアルバイトとしての労働者ですので、きちんと賃金を払う必要があります。

Q60 社員がゼロになったときの経営者の保険適用の問題は

A 個人事業者は、国民健康保険が活用できます。

法人経営者が労災保険特別加入制度を利用していた場合には脱退となりますので、他の保険加入の検討が必要です。

★労災保険特別加入制度（中小企業の事業主等）の落とし穴

経営者であっても、社員同様の仕事を行う中小企業のためにつくられた制度が労災保険特別加入制度です。

この制度に加入することで、社長以下役員も労働者同様に労災適用が可能となりますが、この制度には落とし穴があります。

それは「他の社員」がいてこそ、労災保険特別加入の労災認定がなされるということです。

つまり、社長1人のときに社長が事故にあっても労災は適用外となる恐れがあります。以前は社員がいたけど、不況で社員がゼロになったケースなどは要注意です。

この場合、労災保険（特別加入も合わせて）・雇用保険を共に廃止し、民間の傷害保険等の加入を検討する必要があります。

社長1人の場合でも、このような「自分自身」に関わるリスクがあります。

★将来的に人をまた雇いたいときは

一時的に、社員がゼロになったが、またすぐに人を雇う予定があれば、労災保険・雇用保険はそのまま継続しても問題ありません。

ただし、この場合でも人を雇い入れるまでの社長自身の保険をどうするか考える必要があります。

★個人事業主は国民健康保険を活用

国民健康保険は、健康保険と違い、業務上とか業務外とかを問わず、保険給付がなされます。個人事業主は、国民健康保険の活用で、問題ありません。

★健康保険の社長の仕事中のケガへの特例適用

健康保険は、労災保険から給付がある業務災害以外が保険のカバー範囲です。労災保険は、逆に業務災害がカバー範囲です。しかし社長は、原則として労災保険の対象外です。つまり、労災保険特別加入がなければ、社長は無保険で治療費は全部自腹になるという「法の穴」がありました。

これは、「使用者側の業務上の負傷に対する補償は全額使用者側の負担で行うべき」との考えのためですが、特例として、次の要件を満たせば、社長の仕事中のケガにも健康保険が使えます。

(1) 健康保険の被保険者が5人未満である適用事業所に所属する法人代表者等であること。

(2) 一般の従業員と著しく異ならない労務に従事している者。

(3) 業務に起因して生じた傷病であること。

Q61 休憩時間中の社員が転んでケガしたときの問題は

A 休憩中の事故は、原則として労災保険の適用外であり、健康保険が適用されます。ただし、事故の原因が施設の欠陥等である場合は、例外的に労災適用が可能となります。

★労災認定判断のポイント

例外的に労災適用を受けるには、ケガの原因が施設の欠陥等によることが認められる必要があります。

具体的には、場所が重要となり、社員が転んだ場所が会社施設の中か外かで判断されます。「会社外のレストランの階段」で転んだ場合であれば無理ですが、会社から昼食のために外へ出かけようとしたときに「会社の階段」で転んだ場合には認められる可能性はあります。

★あくまでも労災の認定を下すのは労基監督署

社員が会社内の施設でケガをした場合には、休憩時間中であっても労災保険の適用依頼があれば手続を行うべきです。

申請の結果、労災が不支給となったとしても、それは会社のせいではありませんが、手続自体を面倒だからとやらないことはトラブルのきっかけになってしまいます。

★休憩時間に仕事をさせていないか

休憩時間は、自由利用が原則です。仕事をさせてはいけません。

また、すぐに仕事に取り掛かれるように「待機」させておく「手待時間」も、休憩時間ではなく「労働時間」と解釈されてしまいます。

手待時間については、「未払賃金」問題にもつながるため注意が必要です。

代表的な手待時間としては、次のような時間があげられます。

(1) 配送商品の受取待機
(2) 事務員の電話番
(3) 来客対応のための待機当番
(4) 飲食店店員の客待ち

★一部の監視・断続的労働には労基監督署の許可を受ければ適用除外になる

守衛、メーターの監視員といった一部の業種については、心身の疲労や精神の緊張も少ないとされ、労基監督署の許可を受けることを条件として、労基法の労働時間、休憩、休日を適用除外にすることが可能となります。（労基法41条3号）

とはいえ、この適用除外の申請は例外的措置であり、要件に合致するかは厳格に判断されるため一般的な仕事では許可は下りないといえます。また、監視・断続的業務とオフィスワークが混ざっているような場合も適用除外申請はできません。

Q62 雇用保険の手続を忘れていたときの問題は

A 失業給付は、加入期間によって大きく支給金額が変わりますが、雇用保険は、原則2年間しか遡ることができません。そのため、2年以上経過すると社員に不利益が生じる恐れがあります。

【図表79 失業給付の基本手当給付日数】

一般の離職者（自己都合）

離職時の満年齢	1年未満	10年未満	10年以上20年未満	20年以上
全年齢	不支給	90日	120日	150日

会社都合離職者（倒産・解雇など）

離職時の満年齢	1年未満	1年以上5年未満	5年以上10年未満	10年以上20年未満	20年以上
30歳未満	90日	90日	120日	180日	−
30歳以上35歳未満			180日	210日	240日
35歳以上45歳未満				240日	270日
45歳以上60歳未満		180日	240日	270日	330日
60歳以上65歳未満		150日	180日	210日	240日

★トラブルの原因

失業給付は、図表79のように加入期間に左右されてしまうため、加入漏れは社員本人にとって一大事となります。

特に、倒産や解雇等の会社都合による退職者は注意が必要です。

★不安なときは被保険者チェックを行うこと

管轄のハローワークへ図表80の確認依頼書を届け出ることで、現在の被保険者一覧表が閲覧できます。

加入漏れが万が一あった場合でも、リカバリーができるように、少なくとも2年に1回は行ったほうがいいといえます。

★特例として2年以上の遡り加入ができる場合

通常は2年間しか遡ることはできませんが、雇用保険料が給与から天引きされていたことが明らかである場合は、2年を超え遡り雇用保険の加入手続ができます。

【図表80　事業所別被保険者台帳提供依頼書の例】

平成　　年　　月　　日

事業所別被保険者台帳提供依頼書

公共職業安定所長　殿

所　在　地
事業所名称
代表者氏名　　　　　　　　　　　　　印

下記の事業所の雇用保険の被保険者関係手続の確認のため、当該事業所の事業所別被保険者台帳を提供（　閲覧　・　写しの交付　）いただくようお願い申し上げます。

記

1　適用事業所番号　　　－　　　－

2　事業所名

3　交付の種別
（1）種　類　　資格取得中の者・喪失者・全被保険者
（2）出力順　　被保険者番号順・氏名５０音順・資格取得日順・生年月日順・喪失日順

社労士が行う場合は委任状が必要です。

平成　　年　　月　　日

委　任　状

住　　所
事業所名称
代表者氏名　　　　　　　　　　　　　印

下記の者を代理人と定め、以下に規定する権限を委任する。

記

1　雇用保険の被保険者関係手続の確認のため、事業所別被保険者台帳の提供を求めることについての一切の権限

2　代理人　　　　住　所
　　　　　　　　氏　名　　　　　　　　　　印

7 社会保険と健康保険をめぐる問題と対処法

Q63　会社が社会保険に未加入のときの問題は

A　社会保険は強制適用ですから、法人には加入義務があります。よって、未加入は会社の責任となり、社員から様々な損害賠償を請求される恐れがあります。

★社会保険未加入の不利益3大要素

図表81は、社会保険未加入のときの不利益3大要素です。

傷病手当金、出産手当金ともに、非常に使い勝手がよく重宝します。

特に傷病手当金は、ケガだけではなく、うつ病等に代表される精神疾患でも給付対象となるため、活用範囲が非常に広い給付金となっています。

★社会保険未加入の会社としてのデメリット

社会保険未加入の会社としてのデメリットは、次の点です。

(1)　助成金がもらえない

社会保険に未加入の場合、すべてがダメになるわけではないものの、特に求人関係の助成金ではハローワークに求人登録ができないため、活用ができません。

そもそも、助成金は、法令を遵守していることが支給の前提条件です。

【図表81　社会保険未加入のときの不利益３大要素】

① 傷病手当金	健康保険に加入していれば、病気で働けないときに「傷病手当金」（Q38参照）が支給されます。しかし、国民健康保険には、残念ながらこの制度はありません。
② 出産手当金	健康保険では、出産で働けない産前産後休業期間に、所得保障があります。しかし、傷病手当金同様に、国民健康保険にはありません（この２つは、国民健康保険では任意給付となっており、支給義務が課されていません)。
③ 厚生年金	厚生年金は、年金に関して、俗にいう「２階建て」の積立方式となっていますが、国民年金は「１階建て」の積立方式のため、将来の年金受給額に大きな差を生じます。

※健康保険と国民健康保険、厚生年金と国民年金では、当然ながら保険料の負担額で両者に差はありますが、この３つが社会保険未加入によって、社員に直接的に不利益を生じる要素となります。

払うものも払っていないにも関わらず、貰えるものは貰いたいという考え自体間違っています。

(2)　いい人材が集まらない

社員が会社を選ぶときのポイントは、やはり給料、休日、福利厚生です。

社会保険は法律で定められた最低限の福利厚生です。

それすらもない会社に、いい人材が集まらないのは当然です。

★実際の裁判でも実例がある

社会保険に未加入であったことで、損害賠償が認められ、約４００万円の支払命令が出された裁判もあります(豊國工業事件　奈良地平18・9・5)。社会保険未加入は非常に危険です。

会社のリスクを減らすためにも、給料や賞与のアップを考える前に、社会保険に加入する必要があります。

Q64　どうにかして社会保険料を減らしたいときの問題は

Ａ　社会保険料は、４～６月の平均給与で、毎年定期的に改定が行われます。残業の実態を把握して、４～６月の残業を上手く減らすことができれば、年間保険料を削減することが可能です。

★残業の実態把握と社会保険料削減

図表82は残業の平準化イメージ、図表83は社会保険料削減シミュレーションです。残業の制度と合わせ業務の見直しをします。

★社会保険料改定の仕組みを学び節約する

社会保険料の改定要素は図表84のとおりです。これらをうまく利用すれば、高額な社会保険料を合法的に節約できます。社員数が多ければ節約効果大です。実態に合わせて、上手く運用すべきです。

(1)　昇給の時期は7月にする。

(2)　昇給する際には、標準報酬月額で2等級以上変動がないギリギリのラインにとどめる（随時改定に該当し、保険料改定が早まるため）。

(3)　毎月の給与の一定額を掛け金とする選択制確定拠出年金制度を利用し、給与の支払い方法と支払額を変える

【図表 82　残業の平準化イメージ】

業務量を平準化、もしくはスライドできる業務があれば前倒しで行うなどの工夫をする。

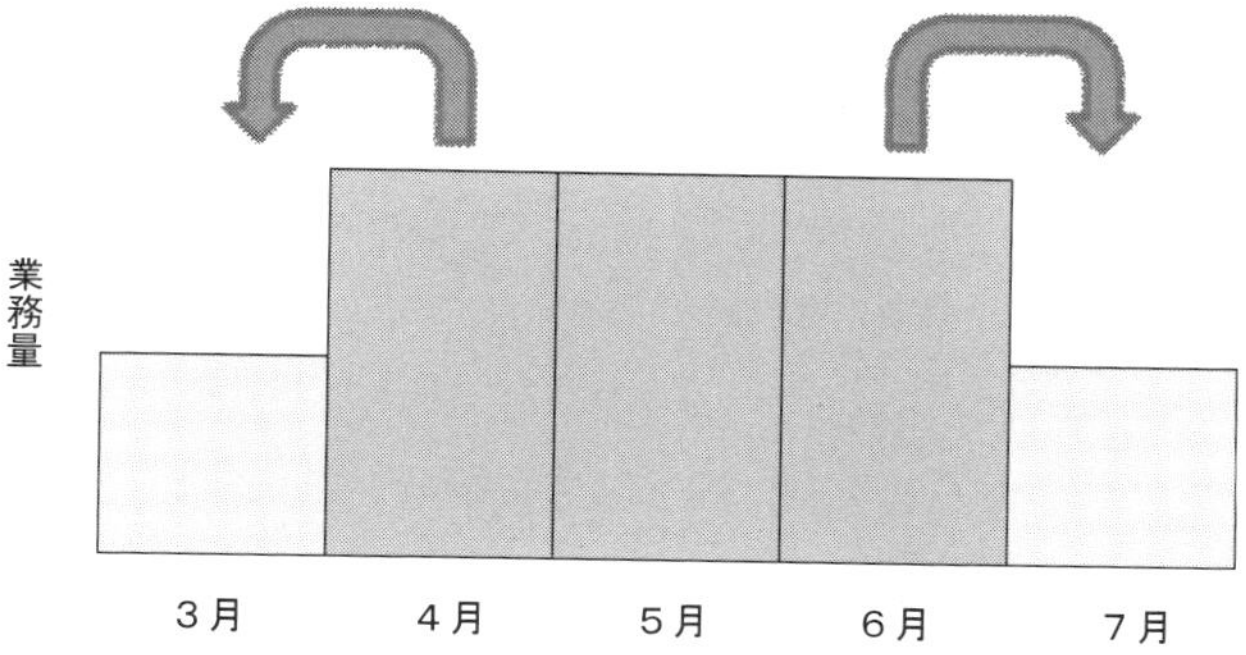

【図表 83　社会保険料の削減シミュレーション】

単位：円

	月給	標準報酬月額	健康保険料	厚生年金保険料	月額保険料
従前	330,000	340,000	19,618	30,307	49,925
改善後	300,000	300,000	17,310	26,742	44,052

●月給30万円に残業代３万円であったものを改善し、残業をなくした場合
●上記保険料率は、協会健保の東京支部のものを採用し、健康保険料には介護保険料を含めて試算
●金額は、会社と社員の折半額を表示
・差額（月額）：49,925円－44,052円＝5,873円
・対象者が５名いた場合の年間法定福利費削減コスト
＝5,409円×12か月×５名＝352,380円

【図表84　社会保険料改定の要素】

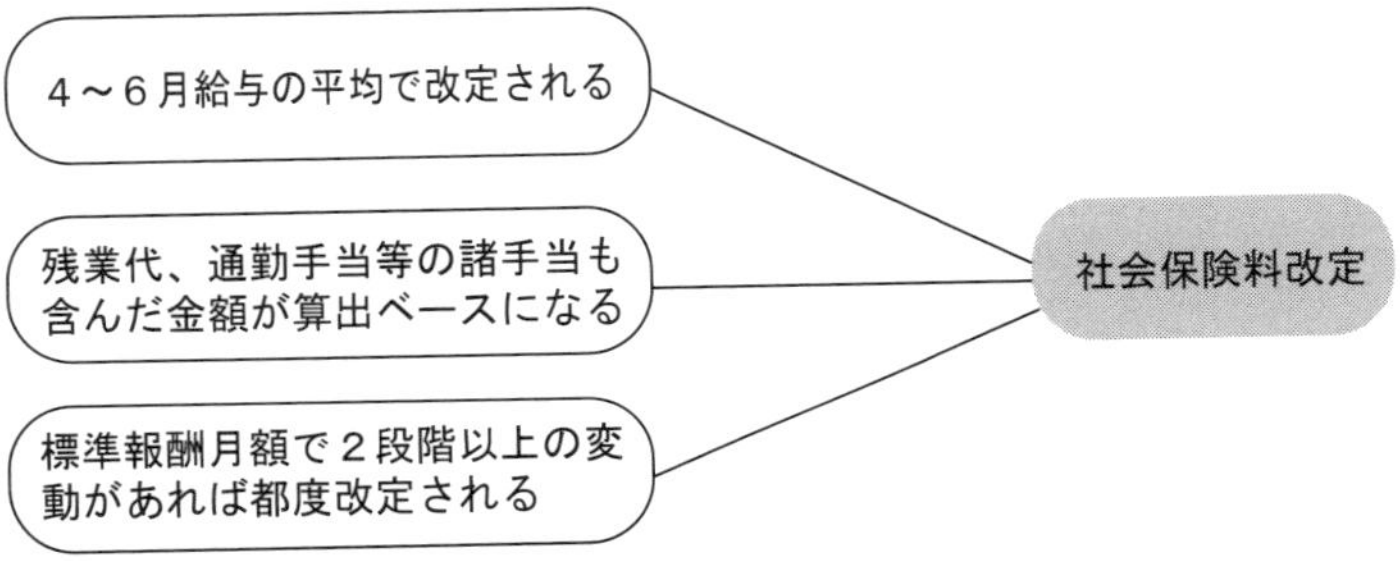
4～6月給与の平均で改定される
残業代、通勤手当等の諸手当も含んだ金額が算出ベースになる
標準報酬月額で2段階以上の変動があれば都度改定される
社会保険料改定

★全額払いに違反しないように

給料には、全額払いの義務があるため、4～6月の残業を7月に支払うことは違法です（労基法24条）。

あくまでも、実態として労働時間を削減できなければ意味がありません。

★例外として1年間の平均給与で改定を実施することも可能

業務の性質上、例年季節的に報酬が大きく変動することにより、通常の方法では報酬の算定を行うことが著しく不当であると認められる場合は、社員の同意を得て申請を行うことで1年間の平均給与にて改定を実施することもできます。

★退職日の設定の仕方

給料の締め日との関係もありますが、月末を退職日とすると、その月の社会保険料までがかかることになります。1日ずらして、月末の前日に退職させる方法もありますが、月末締めの場合、給料計算で手間がかかってしまいます。よって、給料締め日を20日や25日とし、退職日も締め日に合わせるやり方がおトクです。

Q65　厚生年金保険しか加入しないときの問題は

Ａ　社会保険は原則、健康保険と厚生年金保険のセット加入です。

例外的に、健康保険の適用除外申請を出し、認可が下りれば厚生年金だけに加入できるケースがあります。

★健康保険適用除外申請ができるケースは

健康保険適用除外申請ができるケースは、個人事業として国民健康保険組合に加入していて、法人成りをするケースです（具体的には、個人クリニックから医療法人をつくる場合や個人の弁護士が弁護士法人をつくる場合などです）。

この場合、所属する国保組合から証明をもらった申請書を管轄の年金事務所へ提出します。無事に承認が得られれば、厚生年金＋国民健康保険のセットで加入ができます。

★社員へのアナウンスはするべき

適用除外申請は、法律上認められた手段ですので、認可が下りれば法律上の問題はありません。

ただし、法人の国保加入は、イレギュラーな組合せなので、当然、入社時点で社員に「ウチは国保だから」とアナウンスをすることは必要です。

★国保と健保はどちらがトクなのか

国保と健保ではそれぞれ次の特徴（メリット・デメリット）があります。

健康保険は、やはり保険料が高い分手厚い給付内容となります。

一方、国保組合運営による国保は、非常に保険料が安いという大きなメリットがあります。

市区町村が保険者であれば健康保険にすべきですが、国保組合に現在加入しているのであれば、適用除外申請を行う際には十分に検討が必要です。

(1) 健康保険の特徴

- 保険料は、給料に応じた変動制で非常に高い
- 毎年の改定に加え、給与変動に伴う改定もある
- 国保にはない傷病手当金、出産手当金がある等給付内容は手厚い
- 会社を辞めた後の任意継続制度があり、社員にとっては有利
- 健保組合の場合、さらに上乗せ給付がある場合もあり高待遇

(2) 国民健康保険の特徴

- 保険料は、保険者（市区町村や国保組合）の財政に大きく左右される
- 総じて、各種団体の国保組合は保険料が安く、市区町村は高い傾向がある
- 使い勝手のよい傷病手当金と出産手当金がなく、健保に比べ給付内容が見劣りし、社員にとっての所得保障は弱い

Q66 社員を社会保険から脱退させるときの問題は

Ａ 社会保険から脱退させる社員の勤務日数、勤務時間を正社員の４分の３未満にします。調査対策として、脱退日に合わせ新たに労働契約書を作成し、勤務時間を適切に記録・保管しておきます。

★怖いのは脱退後の会計検査院の社会保険調査

社会保険脱退の注意点は、社会保険調査（Ｑ６参照）に備えることです。社会保険には４分の３要件があり、この基準未満であれば加入する必要はありません（図表85）。

ただし、あくまでも実態を見て判断されます。契約書で４分の３未満であっても、タイムカードで正社員並みに労働している場合、遡っての脱退取消手続となります。

この４分の３未満を証明する資料は、次のものです。

(1) タイムカード
(2) 新しい労働契約書（勤務日数、勤務時間が４分の３未満であることを明記する）

★４分の３要件は勤務時間か勤務日数のどちらかでＯＫ

社会保険のパート加入は、次の２つを満たす場合（ポイントは「または」ではなく「かつ」であること）に妥当とされています。

【図表85　脱退させる場合の勤務体系の具体例】

●正社員の勤務体系を次のとおりと仮定する。
①　１日８時間、１週40時間労働
②　月間所定労働日数は21日、月間所定労働時間は８時間×21日＝168時間

１）８時間×3/4＝6時間　→　正社員同様のフル日数で勤務する場合は、１日６時間未満にする。
２）40時間×3/4＝30時間　→　１週間で30時間未満にする。
３）21日×3/4＝15.75　→　１日８時間のまま勤務するなら。１か月の勤務を15日以内にする。

そのため、勤務時間か勤務日数のどちらか一方が４分の３未満であれば未加入（脱退）でも問題ありません。

(1)　１日または１週の所定労働時間が、その事業所で同種の業務を行う通常の労働者の所定労働時間の概ね４分の３以上あること。

(2)　１か月の所定労働日数が、その事業所で同種の業務を行う通常の労働者の所定労働日数の概ね４分の３以上あること。

★社員区分変更に伴い変わる条件を伝えること

労働時間や日数を減らすということは、社員区分の変更（おそらくはパート社員への転換）を意味します。

正社員とパート社員を別の就業規則で管理している場合などは、どういった条件が変更になるかを伝える必要があります。

★平成28年10月からは加入基準が拡大するため注意

従来、社会保険の加入基準は正社員の４分の３未満とされていましたが、この基準が大企業を中心に拡大されます（Q６参照）。

５００人以下の中小企業については当面猶予されます。

Q67 海外出張した社員が病気等になったときの問題は

A 海外出張中の業務外の病気やケガには、健康保険の海外療養費制度を利用します。業務上のケガや病気であれば労災保険が利用できます。

★業務外のケガや病気には海外療養費

海外出張時に、運悪く病気になった場合には、健康保険を使います。しかし、海外で日本の保険証が使えるわけではないので、現地でいったん全額支払った後に、一定額が返還される療養費請求制度を利用します。この制度は、日本国内においても保険の切替えのタイミング等で手元に保険証がない場合等に利用されています。

しかし、海外での制度利用の場合、次の注意点があります。

(1) 支給基準は、日本国内における保険診療の範囲内での給付であること。
(2) 支給額算定に用いる邦貨換算率は、支給決定日の外国為替換算率になる。
(3) 領収書と診療内容書が外国語の場合、日本語翻訳文が必要になる。

一番やっかいなのが、(1)の支給基準です。あくまでも日本国内における保険診療の範囲内での給付となるため、現在日本国内において保険適用とされていない疾病（臓器移植等）や治療・処置は対象外となります。つまり、この治療は「保険外診療」、との認定になれば、全額自己負担となってしまいます。

業務外での病気やケガに対する保障（福利厚生）は会社の義務ではありませんが、海外出張者と国内で働く従業員に比べ著しい不利益があるのは問題です。渡航先の状況等も踏まえながら、会社としては、民間の保険制度加入の検討も必要です。

★労災は「出張」か「派遣」かで扱いが変わる

(1)　海外出張の場合

労災保険は、原則として、日本国内事業に所属している場合に適用対象となります。

そのため、現地調査・メンテナンス・商談等で短期に「海外出張」する際には、特に何の手続をすることなく日本の労災保険の適用を受けることができます。

(2)　海外派遣の場合

「海外現地法人への出向」や「同一企業体での海外支店への転勤」などの海外派遣の場合には、原則として労災保険の適用外となります。

この場合、派遣先の災害補償制度の対象となるわけですが、外国の法律の適用範囲や給付内容は十分ではない、もしくは一切の補償がない国も存在します。

そのため、「海外派遣者」については例外として、「労災保険の特別加入」をすることで労災保険の適用を受けることが可能となります。

Q68　社員の健康診断をやっていないときの問題は

Ａ　入社時や１年に１度の定期健康診断の他にも、会社には健康診断の実施義務があります。
　健康診断を行わずに社員が病気になった場合、安全配慮義務違反による損害賠償のリスクがあります。

★健康診断の実施義務

　図表86は、健康診断の種類と実施義務です。②の定期健康診断は、比較的高い割合で実施されているものの、①の入社時の健康診断を省略している会社が数多くあります。

　入社時点で業務に耐えられないほどの持病を抱えている場合、そもそも採用の取消しにもつながる重要な検査です。

★未実施で過労死などの労災が認められたら非常に危険

　健康診断をやらずに、長時間労働を放置し、過労死等の労災認定がなされた場合には、相当の損害賠償が発生する恐れがあります。

　また、定期健康診断をやったとしても、何らかの健康問題が発覚した社員をそのままにした場合も会社の責任を問われる可能性があります。やったらやりっぱなしではなく、結果を把握し適切な

【図表 86　健康診断の種類と実施義務】

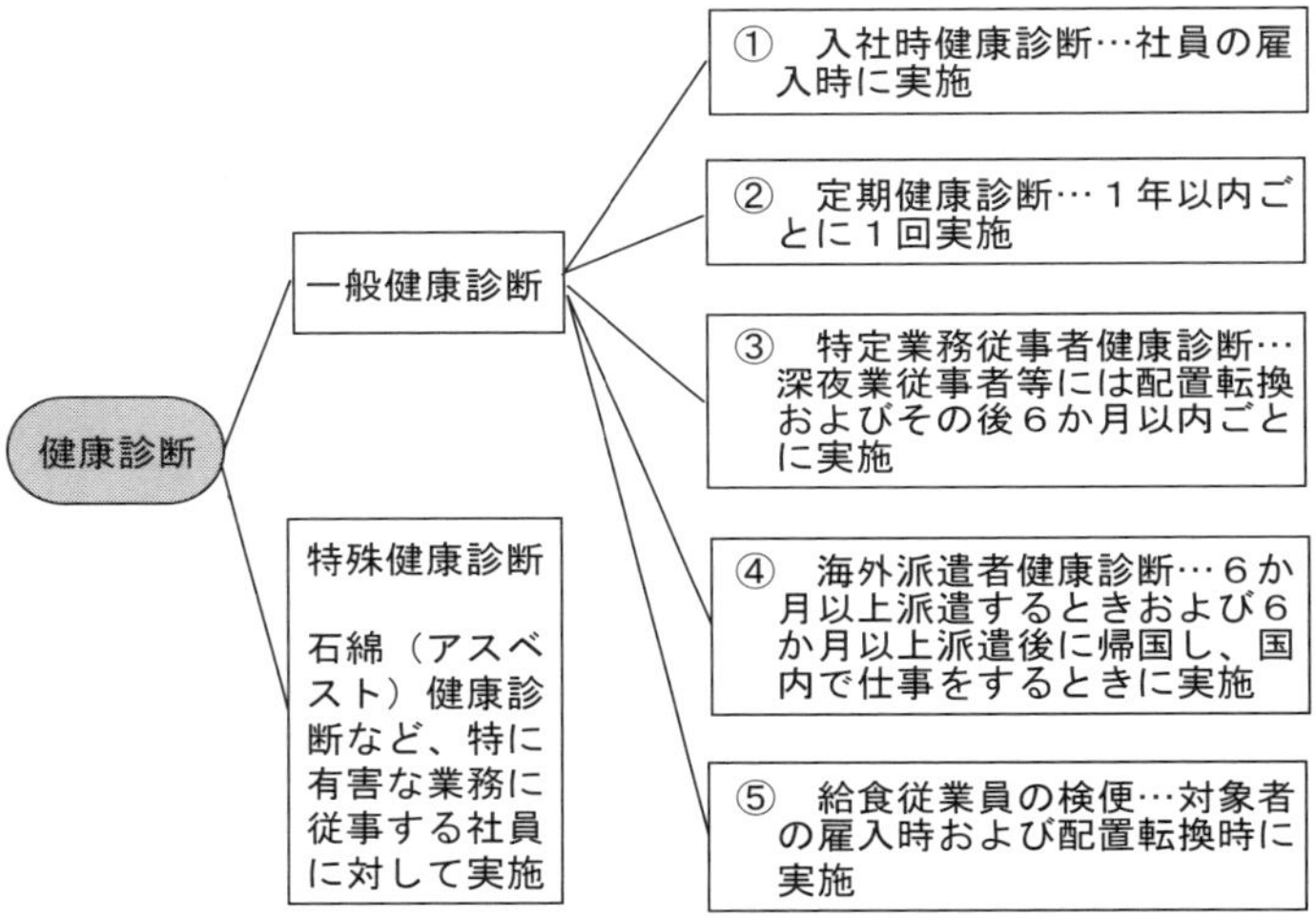

措置（再検査、休暇を与える、業務内容を変更する等）を行う必要があります。

★健康診断の費用負担は

健康診断の費用負担については、会社に義務づけられている以上、原則として会社が負担すべきとされています。ただし、会社が実施する健康診断を本人の都合で受診しない場合に、各自で実施した健康診断費用については本人負担でも構わないとされています。

★健康診断中の給料は

法律での定めはありませんが、実施が義務である以上、「労働時間」とみなし給料は支給すべきとされています。

また、「特殊健康診断」は業務との関係性が高く「労働時間」とみなされるため、給料の支払義務が発生します。

Q69 うつ病の社員が出たときの問題は

Ａ 社会保険加入会社は、休職規定に従って休職させ、傷病手当金により対処します。未加入の場合、給料をどうするのか社員と協議する必要が出てきます。

★社会保険未加入が一番危険

社会保険に加入していれば、病気で仕事ができない場合、健康保険から最大1年半にわたり「傷病手当金」が支給されますので、無給で問題ありません。

問題は、社会保険に未加入の場合です。社会保険は、個人事業主は人数・業種により任意加入ですが、法人はすべて強制加入です。

「うつ病」は、医師の診断があれば正当に支給を受けることができます。もし、違法に未加入となっており、そのせいで給付を受けることができなければ、社員にとっては大きな不利益です。

また、うつ病を理由に「解雇」したとすれば、さらに大きなトラブルを招く恐れがあります。

★会社から休職命令を出せる規定にしておく

うつ病などのメンタルヘルス疾患は、実際の症状と本人の自覚が間違っていることもあります（働くことは無理なのに可能と判断する、逆に働けるのに無理と判断する）。

【図表 87　私傷病休職の就業規則規定例】

（私傷病休職）
社員は次の各号の一に該当したときは、私傷病休職とする。
一　業務外の傷病により欠勤が３週間以上に及び社員が会社に休職を申し出会社が認めたとき
二　心身の疾病に伴い社員の業務遂行能力が低下し、会社が休職の必要性を認めたとき
②　前項の私傷病休職は、満勤続年数が１年以上の社員にのみ適用する。
③　私傷病休職期間は、満勤続年数が５年未満は半年、５年以上は１年を限度とする。
④　私傷病休職の場合で休職期間満了日前に復職し、再び同一傷病で休職する場合は、前休職期間の残余日数を休職期間とする。
⑤　第１項第一号により私傷病休職を希望する社員は、医師の診断書と合わせ会社へ届出て承認を受けなければならないものとする。
⑥　第１項第二号に付随し、会社は私傷病休職の必要性を判断するに当たり、心身の疾病が見られる社員に対し、必要に応じ会社指定医師の診察を命じることができるものとする。
⑦　休職期間中は毎月１回以上、会社に近況を報告しなければならない。
⑧　休職期間中は無給とし、勤続年数には通算しないものとする。

そのため、会社側から休職命令が出せる規定が必要となります。

一般的な休職規定は、あくまでも社員から申出があった際に会社が認めるケースしか想定されていません。

図表87の規定例第1項第二号のように、「会社が必要性を認めたとき」に会社が業務命令として、休職を実施できる形が必要となります。

ただし、この休職命令が会社側の作為的行為であってはならないので、⑥において医師の診断を命じ、あくまでも医師の指導により休職を命じる公平性を保つこともポイントです。

現代はストレス社会です。長期勤務者が精神疾患で退職になれば大きな痛手です。

精神面も含めたケアが現代の会社には求められます。

Q70　うつ病で休職の社員が復職するときの問題は

A　うつ病などのメンタルヘルス疾患は、再発の可能性があります。そのため、復帰は、本人の意思だけではなく、医師の診断に基づき慎重に実施します。

★うつ病からの復職時のポイント

うつ病からの復職時のポイントは、次の点です。

(1)　従来もっていた業務遂行能力がどの程度回復しているのかを確認する期間を設けること。
(2)　本人も以前の能力がないことを自覚している場合、業務内容や職位の変更を検討すること。
(3)　いきなりフルタイムで復帰ではなく、リハビリを兼ねて段階的に復帰させること。

うつ病になる原因は様々ですが、職位による責任の重さや業務内容が影響することも考えられます。本人が、以前の職務に戻りたいという希望があっても、今までできていたことができなくなっている可能性もあります。

復職にあたっては本人と十分に話し合い、合意のうえで以前の職にそのまま復帰するのか、新しい職務・ポジションを与えるのか、決定する必要があります。

厳しいですが、給料は社員の労働の質と量によって決定されます。どちらが低下しても、会社として従来と同様の待遇を保つことは、他の社員に対する公平性を欠くことになります。

【図表88　復職の就業規則規定例】

（復　　職）
休職期間が満了したとき、又はその事由が消滅したときは復職させる。
2　社員は、休職期間の満了日以前にその事由が消滅した場合は、医師の診断書又は事由消滅に関する証明書を添付し書面で復職を申し出、会社の承認を得なければならない
3　会社は、必要に応じ前項に加え会社指定医師の診断を社員に命じることができるものとする。
4　復職させる場合は、原則として旧職務に配置する。但し、休職事由となった傷病による業務遂行能力の低下、傷病の回復状況、業務の都合その他の事情により旧職務へ復職させることが困難な場合は、旧職務とは異なる職務に配置させることがある。
5　前項の規定により、異なる職務に配置する場合、または復職を段階的に進める場合、職務内容・勤務時間・賃金等の労働条件は事案発生の都度、労使協議の上決定するものとする。

★労働条件が変わる場合には契約書を作成しておく

トラブル防止に万全を期すためにも、①労働時間、②勤務日数、③給料などが変更する場合には新しい条件での労働契約書を作成します。

また、リハビリ勤務を行う場合にも、期間の給料の取扱いをどうするのか決める必要があります。

ほとんど仕事をせずに出勤自体をリハビリとする場合であっても、労災保険の問題があるため会社に滞在する時間は最低賃金以上の給料を支払うべきです。

★復職規定はこう整備しておく

休職規定と同じく、復職についても会社側が主導して行えるように整備しておきます。

ポイントは図表88の規定例の第3項です。

本人の主治医は融通を利かせる場合（本当は復帰できない症状なのに復帰可能と診断する等）があるので、必要に応じ会社指定医師の診断をもって復職の可否を判断するようにします。

Q71　お金を払えば何時間でも働くというときの問題は

Ａ　残業代を払えば、何時間でも働かせていいわけではありません。あくまでも残業は時間外・休日労働に関する労使協定（３６協定）の範囲内に抑える必要があります。

★企業が抱える残業の２つの問題

残業による問題は2つあります。1つは「未払賃金」、もう1つは「長時間労働による労災認定（過労死等）」です。

お金さえ払えば、いくらでも働かせていいわけではありません。長時間労働には労災の認定基準（Q57参照）があり、限度を超す残業により会社の責任が問われる恐れがあります。

過労死が発生した場合、遺族より億単位の損害賠償を請求されることもめずらしくありません。こうなると、未払残業代どころの話ではなくなってしまいます。社員の過重労働・労働時間管理には注意する必要があります。

★毎月の残業は45時間未満に抑えるように努めること

長時間労働との因果関係は、月45時間以上の残業より関係性があるとされています。そのため、この範囲内の残業であれば、長時間労働による会社の責任を問われる可能性は低いといえます。

【図表89　３６協定限度時間除外業務】

３６協定限度時間除外業務
- ①　工作物の建設等の事業
- ②　自動車の運転の業務
- ③　新技術、新商品等の研究開発の業務

また、３６協定には、限度時間が定められており、こちらも図表89の例外業務を除いて原則1か月45時間（1年３６０時間）となっています。

この除外特例により、例えば、建設業では月１００時間の協定を結ぶことも違法ではありません。しかし、万が一過労死が発生した場合には、会社の責任を問われる可能性があります。矛盾しているように感じますが、企業としては損害賠償のリスクを頭にいれておく必要があります。

★定額残業制度の場合も45時間を限度に設計しておく

残業を固定的に支払う定額残業制度においても、45時間ラインを頭に入れて、制度設計を行う必要があります。例えば、基本給を極端に低くし、60時間や80時間の残業代を見込んで給料を支払ったとします。

未払賃金の問題はなくとも、それだけの長時間労働を見込む制度自体が、社員の安全・健康に配慮していないという判断がなされてしまいます。

★実際の裁判例もある

平成22年5月には飲食店を全国展開する大庄に勤務していた店員の過労死訴訟がクローズアップされました。この事件では、月80時間の残業が制度化され、安全配慮義務を問われ約７９００万円の支払命令が出ています。

8

退職・解雇をめぐる問題と対処法

Q72 社員が行方不明になったときの問題は

A 行方不明の原因究明、状況の把握を行い、無断欠勤が２週間以上に及ぶときは、解雇もしくは自然退職扱いで処理が可能と解釈されています。

★解雇予告除外認定の基準

通常、社員を解雇するには30日以上前の解雇予告、もしくは解雇予告手当（30日分以上の平均賃金）が必要です。しかし、どうしようもない理由があるときは、労基監督署の認可を受けることで、この予告（予告手当）が免除されます（労基法20条）。

免除理由は、大きく分けて２つあります。１つは「天災事変等によるもの」、もう１つが「社員に重大な責任があるもの」です。

そのうちの社員の責任による認定基準の具体例は、次のとおりです。

(1) 事業場内における盗取、横領、傷害等刑法犯に該当する場合（極めて軽微なものを除く）。
(2) 賭博などで職場の規律を乱し、他の社員に悪影響を及ぼす場合。
(3) 重要な経歴についてウソをついた場合。
(4) 他の事業へ転職した場合。
(5) 原則として２週間以上正当な理由なく無断欠勤し、出勤の督促に応じない場合。

【図表 90　自然退職の就業規則規定例】

（自然退職） 社員が次の事項に該当したときは自然退職とする。 原因の如何を問わず、社員が会社に届け出た連絡先にて会社との連絡不能となった状態（行方不明）が２週間以上経過したとき

(6)　出勤不良または出欠常ならず、数回にわたって注意を受けても改めない場合。

★解雇予告除外認定は現実的には不便

認定基準(5)では「出勤の督促に応じない場合」とあります。つまり、連絡がとれない行方不明者に督促していることにはなりません。また、解雇するために予告しようにも連絡できません（本人以外、例えば家族に予告しても認められません）。

この場合、公示送達（行方不明者など住所不定の者に対し一定期間、裁判所の掲示板に掲示することによって相手方に知らせたことを証明する効果を生じさせる方法）という手続がありますが、手間がかかります。現実的には「自然退職」条項を規定し、自然退職として処理を行うほうがベターでしょう。

退職金のある企業であれば、退職理由は、当然退職金の支給金額にも影響するので、事案により個別に検討せざるを得ません。

長年真面目に勤務してきた社員と入社して間がない社員では、同じ行方不明でも意味が違います。連絡がつかない以上、何らかの事件に巻き込まれた可能性もある中で、すべてを解雇とするのは得策ではありません。

Q73 社員を解雇したときに発生する会社の問題は

A 解雇は、客観的に合理的な理由を欠き、社会通念上相当であると認められない場合は、その権利を濫用したものとして、無効（不当解雇）とされます。

★解雇に至るまでの指導履歴は重要

解雇の合理的な理由の判断要素の1つに、「会社側として、解雇を回避する努力を行ってきたか」があげられます。

能力不足や勤務態度不良社員がいた場合、会社として必要な指導・注意・教育を行ってきたか（行った記録があるか）ということです。そのため、業務改善指導書（Q32参照）は、解雇を正当化するためには必須といえます。

★不当解雇はトラブルになりやすい

労基監督署などへの労働相談での最も多い相談内容は「いじめ・嫌がらせ」が最も多く、次いで「解雇」が多くなっています（平成26年度解雇は13・4％）。

正当性のない解雇（正当性を客観的に証明できない解雇）は、高い確率でトラブルを招くと心得ておかねばいけません。

★解雇予告手当の支払いと解雇の正当性は全くの別問題

30日前に予告したから、解雇予告手当を支払ったから解雇が有効になるわけではありません。解雇した理由そのものが正当でなければ、「不当解雇」になってしまいます。

★不当解雇とされたときはどうなる

解雇の正当性は、最終的に裁判で争われます。ここで、会社側の主張が認められず、不当解雇との判決が下されると、解雇日から解雇無効の判決が出る日までの給料を支払うハメになります。現実的には、裁判はお金も手間もかかるため、数か月分の給料相当額の解決金にて和解することのほうが多いです。

いずれにしても、かなりの準備、相当の理由がなければ、「解雇」の争いは、会社にとっての「負け戦」であることを肝に銘じる必要があります。

★助成金がもらえない

ほとんどの助成金は、支給要件の1つに、「会社都合の退職者を出していないこと」があげられます。そのため、解雇者が発生すると、一定期間助成金が利用できなくなってしまいます。

また、せっかく苦労して助成金対象者を雇用したとしても、その対象者自身を解雇してしまうと、受給した助成金そのものを返還しなければいけないケースも出てきます。会社にとって解雇は、あくまでも最終手段と考えておくべきです。

Q74　問題社員を辞めさせたいときの問題は

A　解雇すると、会社には不当解雇のリスクがあるため、極力「勧奨退職」により処理をすべきです。また、その際には、合意の証明として、必ず同意書を得ておきます。

★会社に残す場合のリスクと辞めさせる場合のリスク両方を検討する

問題社員の取扱いは非常に難問です。図表91に示すように、会社に残すにしても、辞めさせるにしてもリスクを伴います。

ステップとしては、やはり問題が発生したときの対処法です。本人より始末書を提出させるとともに、書面にて業務改善指導を行います（これらの書類は争いが発生した際の大きな証拠となり得ます）。その後一定期間経過観察を行い、問題行動に改善が見られなければ、問題の程度や状況をよく見極め退職を勧奨します。

この際、退職することに同意が得られれば、図表92の勧奨退職同意書を回収します。

一般の退職届では、自己都合退職となり、失業給付の受給日数にも影響があるため、ここは会社都合の退職であることを明確にしておきます。

同意が得られず、会社も我慢できない場合には、リスクを承知で図表93のとおり解雇通知を行い解雇します（即時解雇の場合は解雇予告手当を支払うこと）。

【図表 91　問題社員が抱えるリスク】

【図表 92　勧奨退職同意書の例】

平成　　年　　月　　日

○○○○株式会社

代表取締役○○○○　殿

氏名　　　　　　　　　　㊞

勧　奨　退　職　同　意　書

私は、平成　　年　　月　　日会社より提案のありました勧奨退職について、その趣旨を十分理解し平成　　年　　月　　日をもって○○○○株式会社を退職すること、今後本件に関し一切異議申し立てをしないことに同意致します。

【図表 93　解雇予告通知書の例】

解雇予告通知書

平成　年　月　日

＿＿＿＿＿＿＿＿＿＿ 殿

株式会社○○○○
代表取締役○○○○

貴殿は、下記行為を行い、当社に対して著しい被害を及ぼしました。

よって、当社は、就業規則第○条に基づき、平成○年○月○日付をもって、貴殿を解雇します。労働基準法第20条の定めにより、ここに解雇の予告通知を致します。

なお、上記の解雇の効力発生日までの賃金は、平成○年○月○日に貴殿の指定口座に振り込みます。

【事件の内容】

＿＿＿＿＿＿＿＿＿＿＿＿＿＿＿＿＿＿＿＿

＿＿＿＿＿＿＿＿＿＿＿＿＿＿＿＿＿＿＿＿

【就業規則該当解雇事由】

＿＿＿＿＿＿＿＿＿＿＿＿＿＿＿＿＿＿＿＿

＿＿＿＿＿＿＿＿＿＿＿＿＿＿＿＿＿＿＿＿

Q75 退職届を無理やり書かせたいときの問題は

A 退職届はあくまでも社員からの自己都合に基づき書かれるものです。強要して書かせることは、労務トラブルの発生要因となるため、やってはいけません。

★本人の意思ではなく書かせようとしている時点で自己都合ではない

退職届の提出強要は、「自己都合退職」ではなく「会社都合退職」に当たる「勧奨退職」です。退職届ではなく、「勧奨退職同意書」に署名・捺印をもらうべきです（Q74参照）。

★退職届の法的効果とトラブルの発生ポイント

自筆で書かれた退職届が提出されていれば、通常は「合意」があったものと推定されます。そのため、退職届提出後にこの退職届を撤回するには、社員はその退職届が無理やり書かせられたものであることを立証する必要があります。

この立証は非常に難しいため、実際には退職届が提出された後の段階ではなく、無理やり書かせようとした時点で労務トラブルが発生する確率が高いといえます。

「少し時間をください」などという言葉を告げたあとに、その足で労基監督署や労働組合（ユニオン）へ駆け込むことが予想されます。

【図表94　退職届強要によるリスク】

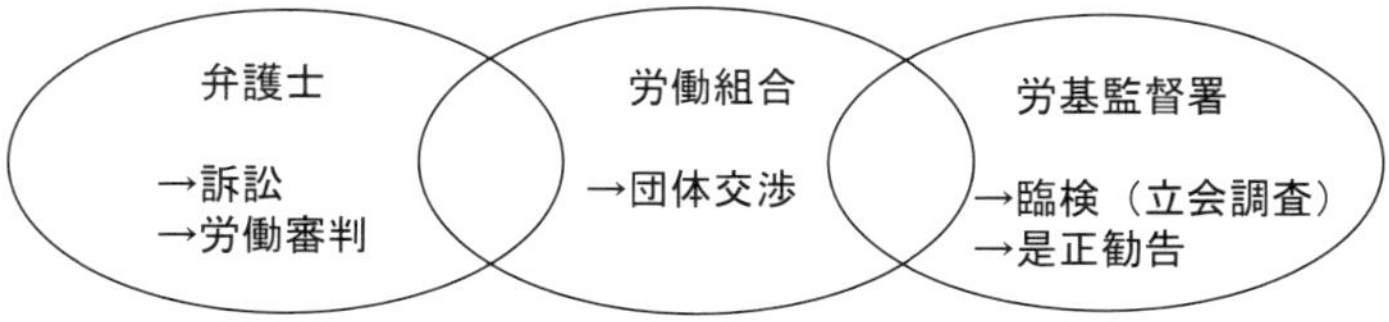

★強要により弁護士・労働組合（ユニオン）・監督署に駆け込まれてしまう

退職届の強要は、実質的には、パワハラや不当解雇に該当します。

社員にとっては、たとえ辞めるにしても、「会社都合」で辞めるか「自己都合」で辞めるかは、退職金、失業給付（Q62参照）にも影響する大きな問題です。

不満をもった社員が外部機関へ駆け込んだ場合、会社は図表94の対応を求められ、多大な労力をかける必要がでてきます。トラブルが発生すれば、未払賃金など退職に関すること以外にも話が発展する恐れもあります。

退職勧奨と退職強要のラインに明確な基準はありませんが、あくまでも無理強いはいけません。

★勧奨を行ううえでの交渉のポイント

(1) 会社都合退職扱いにすることで退職金の支払率（金額）をよくする
(2) 会社都合退職扱いにすることで失業給付の条件をよくする
(3) 退職日の兼合いで有給休暇の残日数相当を退職金に上積みする
(4) 会社が許容できる範囲の合意解決金を上積みする

勧奨退職であれ、解雇であれ社員にとっては失職することに大差ありません。そうであれば、誰しもできるだけよい条件で退職したいと思います。

できる限り被勧奨者に配慮した条件を提示することが必要です。

Q76 今日で辞めるといきなり辞表をもってきたときの問題は

Ａ 引継期間、未消化有休、退職金の３点をポイントとして、社員と退職日について交渉する必要があります。残念ながら会社には、辞める意思表示をしている社員を束縛する権利はありません。

★自己都合退職希望者を長期間縛ることは不可能

期間の定めのない契約の解約申出時期については、民法627条で支払形態ごとに（時給・日給、月給、年俸制）定められていますが、14日経てば会社が認めようが認めまいが「退職」は成立するものと解釈されています。

つまり、社員から退職の意思表示があれば、原則2週間しか拘束することはできません。

また、仮に2週間よりも短い期間で会社にこなくなった場合に、会社が何らかの損害を受けても、社員に損害賠償の責任はないとされています。

★引継不十分者へのペナルティ

就業規則で退職届の提出時期を定めていたとしても、法的な強制力はないといえます。会社としてできることは、退職金規定に「会社所定の手続を経ないで退職した者には減額支給する」ことを盛り込みペナルティを科すことです。

【図表95　急な自己都合退職者の交渉ポイント】

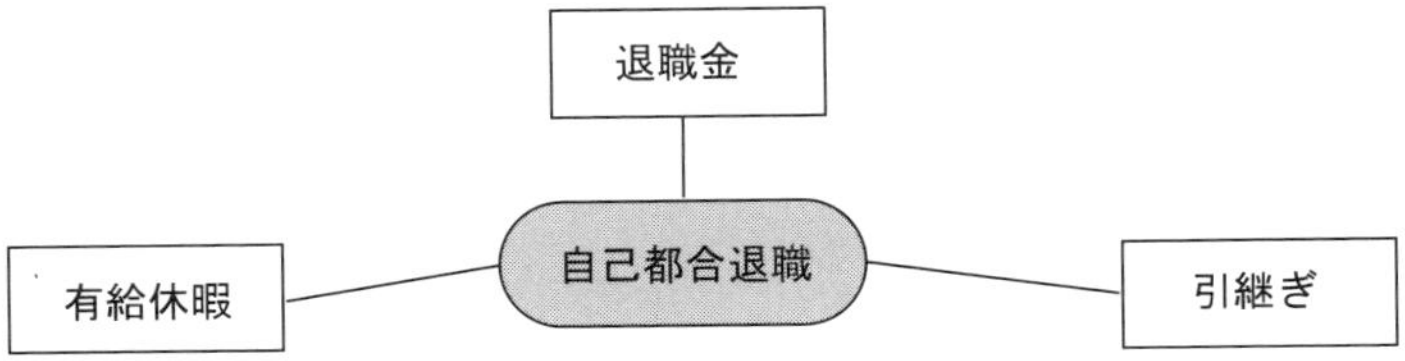

退職金は、本来、支給が義務づけられているものではありませんので、支給方法も原則として退職金規定に従います。「不支給とする」とまで厳しい条件は認められませんが、減額支給には正当性があるといえます。

★未消化の有休取得は拒否できない

勤続年数の長い社員の場合、かなりの日数が未消化で残っている場合があります。ここぞとばかりに社員は取得しますが、会社は拒否できません。

有給休暇は通常は買取禁止ですが、引継期間と退職日との兼合いで、どうしても未消化が残る場合には、例外として労使合意のうえで（買取金額も交渉で決定可能）買取りが可能となります。

★現実的には退職日の交渉しかない

会社側としては、図表95の3点を総合的に考え、いつ退職日とするかを交渉するしかありません。

いずれにせよ、退職を決めた社員は、モチベーションが下がっているため、引き延ばすことにあまりメリットはありません。

退職者には、最後の仕事として引継ぎのマニュアル整備を指示し、引継ぎをスムーズに実施すべきです。

Q77 退職者に守秘義務のことを徹底させるときの問題は

A 退職時に守秘義務誓約書を結びます。また、会社は、守秘義務の内容を定めた秘密管理規定を整備する必要があります。

★守秘義務誓約書だけでは不十分

守秘義務誓約書は、退職者の守秘義務対策として真っ先に考えられるポピュラーな手法ですが、図表96の誓約書だけでは、情報漏洩による損害賠償を請求するには不十分といえます。

というのも、不正競争防止法において、情報漏洩による損害賠償請求は、「守秘義務の対象となる秘密情報が特定され管理されていること」が要件として定められています。

つまり、秘密情報が適切に管理されていなければ、そもそも保護の対象となりません。誓約書を結んだ相手もどこまでが秘密情報かがわからないことにもなります。

そのため、会社は、秘密情報管理規定を作成し、規定に従った管理をすることが必要となります。

★秘密管理規定の作成ポイント

秘密管理規定を作成する場合には、最低限次の事項を定めるべきとされています。

(1) 秘密の対象となる情報の特定

(2) 秘密情報の管理、表示方法

(3) 秘密情報の管理者、取扱権限者

【図表 96　秘密保持誓約書の例】

秘　密　保　持　誓　約　書

株式会社○○○○

代表取締役○○○○　殿

私は、貴社を退職するにあたり、下記事項を誓約致します。

記

（秘密保持の確認）

第１条　以下に示される貴社の技術上または営業上の情報（以下「秘密情報」という）に関する資料等一切について、原本はもちろん、そのコピー及び関係資料等を貴社に返還し、自ら保有していないことを確認するとともに、理由のいかんにかかわらず、他に開示・漏洩し、又は使用致しません。

一、製品開発、製造における企画、技術資料、製造原価等の情報

二、顧客に関する一切の管理情報

三、財務、人事等に関する情報

四、その他、貴社が特に秘密保持対象として指定した情報

（秘密の帰属）

第２条　秘密情報は、貴社に帰属するとともに私に帰属する一切の権利を貴社に譲渡し、その権利が私に帰属する旨の主張を致しません。

（退職後の秘密保持の誓約）

第３条　秘密情報については、貴社の退職後においても、私自身又はその他の第三者のために開示、漏洩もしくは使用しないことを誓約致します。

（損害賠償）

第４条　本誓約事項に違反し、貴社の秘密情報を開示、漏洩もしくは使用した場合、法的な責任を負担し、これにより貴社が被った一切の損害を賠償することを誓約致します。

平成　　年　　月　　日

住　　所

氏　　名　　　　　　　　　　　　　　　　㊞

Q78　不採算部署をなくすときの問題は

Ａ　部署異動・配置転換により、雇用を継続するのであれば問題ありません。社員を解雇（リストラ）する場合には、整理解雇の要件を満たさなければ不当解雇となります。

★整理解雇の４要件

不採算部署の閉鎖などに伴うリストラを行う場合、次の4要件を満たさなければ、解雇は無効とされてしまいます。

(1)　リストラする必要性があるか（リストラしなければ事業継続できない状況）。
(2)　会社として解雇を回避する努力を行ったか（希望退職者の募集など）。
(3)　リストラする社員の選定方法は合理的であったか。
(4)　リストラする手続の妥当性はあったか。

★希望退職者の募集の意義

リストラする前には、希望退職者を募集する場合もあります。経営状況、財務体質などにもよりますが、通常の退職者に比べて優遇する早期退職優遇制度とし募集者を募ります（余裕がなければ勧奨退職を行う場合もあります）。

【図表97　整理解雇（リストラ）と希望退職制度のポイント】

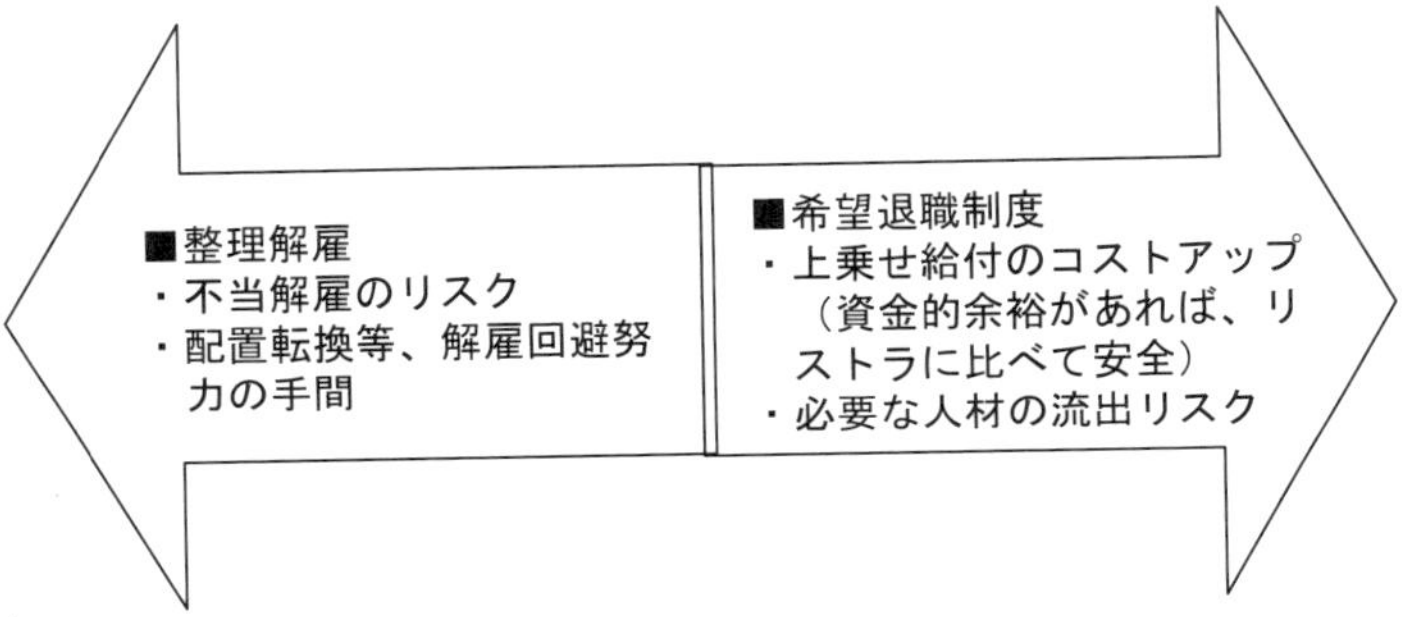
■整理解雇
・不当解雇のリスク
・配置転換等、解雇回避努力の手間
■希望退職制度
・上乗せ給付のコストアップ（資金的余裕があれば、リストラに比べて安全）
・必要な人材の流出リスク

前述したとおり、整理解雇の要件は非常に厳しく、無理に行ったとしても不当解雇として否認される可能性が高いといえます。その意味で、リストラの前に希望退職者を募りリストラの対象者を減らすことは、意義があるといえます。

いずれにしても、会社にとってはコストがかかることですので、希望退職者に上乗せする条件と不当解雇で訴えられた場合のリスクを天秤にかけて、どこまでいい条件を設定するかがポイントになります。

★希望退職制度の設定

希望退職者を募ることは、使用者（会社）の裁量により、条件は自由に設定できます（ただし、個人名を特定することはできません）。

具体的には、①給料、②役職、③年齢、④部署・部門、⑤勤続年数等の要素を上手く組み合せ応募者が集まったときに会社として最もメリットが出る制度にする必要があります。

また、会社にとって必要な人材は対象外とし、応募できないような制度にすることも必要です。

Q79 定年からの再雇用時に給料を下げるときの問題は

A 定年退職は、いったん労働契約が終了することを意味します。再雇用は、改めて雇用することであり条件を下げることは問題ありませんが、社員と合意できなければ人材を失います。

★定年延長のメリット・デメリット

高齢者雇用は、「再雇用」と「定年延長」の2つに分けられますが、今の日本企業では再雇用のシステムが主流であり、約80%がこの方式をとっています。定年延長の場合には、社員にとっての安心感につながるメリットがあります。

逆にデメリットとして、雇用がいったん終了するわけではないので、条件を変更することができず硬直性のある人事制度になってしまうことがあげられます。

また、勤続年数加算による退職金の増額も問題です。職種や業態にもよりますが、柔軟に対応できる再雇用制度のほうが使い勝手がいいといえます。

★高齢者の雇用は義務づけられているが、今までの条件を保持する必要はない

国の高齢者雇用政策として、会社には定年延長や再雇用などにより65歳までの雇用が義務づけられています。

【図表98　再雇用時の労働条件検討ポイント】

再雇用時の労働条件検討ポイント
・労働時間、労働日数をどうするか ・社会保険をどうするか ・契約期間をどうするか ・職務内容の変更を行うか ・肉体的衰えによる健康・安全面への配慮をどうするか →上記を総合的に考慮し、新しい給与額を決定

しかし、再雇用する際の条件までは細かく指定されているわけではありません。あくまでも、会社と社員が話し合って決めることとされています（入社時の採用活動と一緒です）。

★再雇用時にも「労働契約書」を結ぶこと

当然ですが、再雇用時には労働条件が大きく変わります。トラブルを予防するには、図表98のポイントを踏まえた労働契約書の締結が必須となります。

このように労働契約書は、入社時以外でも有効活用ができます。

★再雇用後の社員の取扱いも決めておく

正社員同様に扱うのであれば問題ありませんが、「再雇用社員」を別の雇用区分（例えば、嘱託社員）として正社員とは別に取り扱いたいのであれば、就業規則に合致させる必要があります（例えば退職金は既に一度支払っているので不支給、賞与も原則不支給としたいなど）。

つまり、正社員とは別の再雇用社員用の就業規則が必要になります。

Q80 退職金制度を廃止するときの問題は

Ａ 退職金制度の廃止は、明らかな不利益変更となるため、社員の同意がなければできません。廃止するのであれば、給料をあげるなどの代替条件がなければ同意を得ることは困難といえます。

★廃止には高度な合理性がないと認められない

退職金は、社員の権利として保障されるべきものと解釈されています。社員からの同意がなく、強硬に制度廃止を進めた場合、当然労務トラブルが発生します。

裁判での争いになった場合でも、よほどのことがない限り、廃止は認められず、退職金の支払いを命じられることになります。

★廃止するときの既得権の問題

仮に退職金制度を廃止する場合においても、既得権（退職金をもらえるはずであった権利）が問題となります。

廃止日までストックされた権利が各社員にありますので、通常は廃止日に定年退職したと仮定した金額を支給することになります。この場合、社員数や社員の勤続年数にもよりますが、会社としては退職金の支払原資の問題も生じることになります。

【図表99　代表的な退職金制度】

勤続年数に応じた定額制方式
・支給額が労働者にとって一目瞭然であり、わかりやすく会社も計算、管理が楽。半面、勤続年数がベースとなるため在職中の労働者ごとの会社への貢献度を金額に反映しにくい。
ポイント制による積上方式
・「在籍時における累積ポイント × 支給係数」の計算式で支給金額を求める方式。勤続年数、役職、人事評価等の様々な要素をポイント化し、退職時の累積ポイントに係数を乗じて退職金額を決定します。柔軟かつオリジナルな設計が可能な半面、労働者個々人の人事履歴をすべて把握、管理しなければならないため、運用が複雑で手間がかかる。
中小企業退職金共済（中退共）等の外部積立方式
・外部積立のため、退職金の原資管理が非常に楽。半面会社の制度の独自性はない。
確定拠出年金（401K）
・毎月決まった金額の掛金を拠出し、社員自身で運用する方式。比較的規模の大きな企業向けといえる。

★一時所得としての課税問題が発生

退職金制度を廃止し、各社員へ一時金を支給した場合には、「退職所得」ではなく、「一時所得」として扱われます。退職所得は課税の面で非常に優遇されていますが、一時所得の場合にはかなりの税金負担が生じることになり、その結果、手取りとして社員の手元に入る金額は、退職金制度があった場合に比べて、かなり低くなってしまいます。この税金の負担額をどうするかも、廃止にあたっての大きな問題となります。また、一時所得として扱えば、住民税、会社を退職した場合には国民健康保険料にも影響が及ぶことになります。

★廃止が無理なら退職金制度の変更も選択肢

廃止することに同意を得るのが難しければ、今の時代、経営状況にあった制度へ変更することも手段の一つです。図表99は制度変更時によく検討される代表的な退職金制度です。

Q81 トラブルで辞めた社員の退職金支払要否の問題は

Ａ 会社が受けた被害の程度、社員の貢献度、責任の度合い等によりますが、よほどのことがない限り支給をしないことは社会通念上相当とみなされませんから、多少は支払う必要が出てきます。

★判断基準は今まで勤続してきた過去の功労までを失わせたかどうか

トラブルを生じた社員に対し、退職金を減額支給することは、一般的な手法であり、多くの会社でも退職金制度に規定されています。問題は、どれだけ減額するかということです。

現実的には、勤続年数が長期になればなるほど功労の要素とともに退職金も大きくなるため、不支給が認められる確率が低くなってしまいます。

★退職金規定に定めていてもトラブルになる可能性はある

仮に、退職金規定に懲戒解雇者は不支給とする規定を設けていたとします。懲戒解雇者が発生し、規定に従い退職金を不支給としても、相手が納得いかない場合には労務トラブルになってしまいます。

ここでやっかいなポイントは、「懲戒解雇の有効性」と「退職金不支給」は連動せず、別個に正当性が判断されることです。過去の判例においても、懲戒解雇は有効ではあるものの、不支給の規

【図表100　退職金不支給の退職金規定例】

（退職金の不支給） 次の各号の一に該当する者については、退職金を支給しない。 一　就業規則第〇〇条により懲戒解雇された者 二　退職後支給日までの間において、在職中の行為につき懲戒解雇に相当する事由が発見された者

定が覆り、30％程度の退職金支払判決が出されているケースもあります。

会社としては、できる限り不支給としたい、かといって適正な減額率もわからないのであれば、退職金規定どおりの処理を行い、逆に司法に判断をゆだねるのも手段の1つかもしれません。

★少なくとも退職金規定の整備は必須

退職金規定に規定されていないことをやってはいけません。そのため、少なくとも不支給条項を規定しておくことが必須となります。

図表100の規定例に示すとおり、懲戒解雇者は不支給とすることはもちろん、退職後に懲戒解雇事由が発見された者についても不支給処分が下せる規定にしておきます。

当然ながら、退職金規定と連動させるために、就業規則の懲戒規定が整備されていなければ何の意味もありません。

★退職金不支給が認められた判例

生命保険会社のライフプランナーが顧客情報の入った会社貸与パソコンを3回に渡って質入れし、結果質流れとなった事案では退職金不支給が認められています（ソニー生命保険会社事件　東京地平11・3・26）。

Q82　十分な引継ぎをしなかった人の退職金減額は

Ａ　前提条件として、退職金規定に減額理由としての明示が必要です。減額は認められますが、不支給は、公序（社会一般の人々が守るべき公共の秩序）に反し無効とされます。

★不支給は認められない

「会社の承諾なく退職した者には退職金を支給しない」という規定は、公序に反し、規定そのものが無効とされます。

退職者が何も言わなければいいですが、争いになったら一定程度の金額は支払う必要が出てきます。

★規定に定めていれば減額は認められるが問題は減額率

減額すること自体は規定に定めていれば認められます（図表101）が、退職金の支払要否（Q81参照）と同様で、問題は減額の程度です。引継ぎ不十分により会社が受けた損害の大きさ、過去勤務における貢献度等を総合的に考えなければいけません。

また、引継ぎが十分か十分でないかの判断は、会社と社員の解釈が分かれるところです。もっとも、減額できたとしても10％程度の低い減額しか認められないと考えられます。

【図表101　退職金の減額の退職金規定例】

（退職金の減額）
社員が、就業規則第〇〇条に定める退職手続を遵守せずに退職したときは退職金を減額して支給する。
なお、この場合の減額率は当該社員の過去勤務功労、会社が被った損害の程度等を勘案し決定するものとする。

★1つのラインが14日と考えておくこと

期間の定めのない契約については、原則として解約の申出より14日が経過すれば退職は成立するとされています（Q76参照）。14日を1つのラインと考え、会社としてはこの期間で最低限の引継ぎが完了できるように、マニュアルの整備等の備えをしておく必要があります。

仮に1か月も引継期間があったのに、会社側の動きが遅く「引継ぎ不十分」となれば、それは会社の責任です。

★そもそも自己都合退職の場合の退職金を低く設定しておく

通常、会社都合退職・定年退職を100％とすると、自己都合退職は60〜70％に設定すべきです。さらに、規定として保障する金額も低めに設定し、功労金として加算できるシステムにするほうが柔軟に対応できます。

★1人しかわからない業務は極力なくすこと

会社は組織で活動します。ある特定の社員にしかできない業務が増えれば、不測の事態（例えば、不慮の交通事故や病気など）が発生した場合の影響が大きくなります。特に、会社のコア業務については、代替要員でも業務が滞らないような業務フローを確立しておくべきです。

9 パート・契約社員等をめぐる問題と対処法

Q83 アルバイトやパートと労働契約書を交わさないときの問題は

Ａ　正社員だけでなく、アルバイトやパートにも書面での労働条件提示は必要です。口約束は、労務トラブルの原因になります。

★ケアしておくべきパートのトラブルのポイント

パート社員には、通常の正社員の明示事項に加え、、次の４つの事項について、書面で明示することが義務付けられています（パート労働法６条)。

(1)　昇給の有無　(2)　退職金の有無
(3)　賞与の有無　(4)　相談窓口

★何もなければ正社員の規則が適用されてしまう恐れあり

口約束で、「パートに退職金はないよ」といったとしても、何も証明するものがありませんので、しっかりと契約書に明記することが必要です。また、個別の労働契約と就業規則で違う基準があった場合には、就業規則が優先されます。

そのため、正社員の就業規則の適用範囲からパート社員を除外し、パート用の就業規則を作成することも忘れてはいけません。

【図表104　パートの労働契約書の例】

労働契約書（パートタイマー・アルバイト）

雇用期間	定めなし　・　期間の定めあり（平成　年　月　日　から　平成　年　月　日）
適用日	本契約に定める労働条件は、平成　年　月　日より適用します。
就業場所	
仕事内容	
勤務時間	1、始業・終業時刻　：　～　： ※１日の所定労働時間は　時間　分 ※業務の状況により上記時刻を変更することがある 2、休憩時間　：　～　： 3、時間外労働　なし・あり
休　日	週＊日、別途勤務シフト表により定める。 ※業務の都合により、必要のある場合は定められた休日を他の日に振替えることがある
休　暇	年次有給休暇　※6ヵ月継続勤務以降法律の定めに従い付与する
賃　金	1、時給制 基本時給　円 2、通勤手当は就業規則の定めに従い実費を支給する。 3、時間外労働に対する割増賃金率 ①法定時間外（25%）　②法定休日（35%）　③深夜（25%） 4、給与支払　締日（毎月＊＊日）　支払日（毎月　当月＊＊日）
昇　給	定期昇給は無し。職務能力が向上したと会社が認める場合は都度検討する。
賞　与	無し
退職金	無し
契約更新条項	1、契約の更新の有無　□更新する　□更新する場合がある　□更新しない 2、契約更新の判断基準 □契約期間満了時の業務量　□勤務実績・態度□能力　□会社の経営状況 □従事している業務の進歩状況　□会社の諸規則・服務規律の遵守状況
退職に関する事項	1、定年　＊60歳（再雇用制度あり。限度年齢65歳） 2、契約期間満了　＊契約更新しない場合、契約最終日をもって本契約は終了する 3、自己都合退職　＊退職手続きは就業規則の定めに従う 4、解雇　＊パートタイムマー就業規則に定める解雇事由に該当する場合には解雇する
服務規律・懲戒事由・解雇事由	パートタイマー就業規則の定めによる
その他	1、加入保険・・・　労災保険　雇用保険　健康保険　厚生年金保険 2、雇用管理の改善等に関する事項に係る相談窓口 ・担当者氏名：　・連絡先： 3、本契約書記載以外の労働条件については、パートタイマー就業規則の定めによる。

本契約の成立を証するため、本契約書2通を作成し、記名押印のうえそれぞれ1通を保有するものとする。

平成　年　月　日

H27.4.1よりパートタイム労働法改正で追加された項目

会　社　住所　東京都＊＊区＊＊町＊＊
（雇用者）　株式会社＊＊＊＊
代表者　代表取締役　＊＊＊＊＊　㊞

本　人　住所
（労働者）　氏名　㊞

Q84 パートに有給休暇を与えるときの問題は

Ａ　労働時間と勤務日数に応じて、正社員と同様の日数を付与する場合と少ない日数を付与する場合があります。そのため、各人の有給休暇取得日数の管理は注意が必要です。

★勤務が週４日以下、かつ、30時間未満ルール

パートに正社員よりも少ない有給休暇を与えることを「比例付与」制度といいます。この比例付与を行う基準が、週4日以下、かつ、30時間未満という勤務体系となります。ポイントは、「または」ではなく「かつ」であることです。そのため両方を満たす必要があり、この基準以上のパートには、正社員同様の日数を付与しなければいけません。

★有給休暇中のパートの給料は

パートの給料は、「実労働時間×時給単価」がベースです。では、有給休暇取得日は何時間なのかが問題です。

有給休暇の賃金は、次の３種のいずれかで計算しなければいけません。

(1)　通常勤務した場合の賃金
(2)　平均賃金

【図表105　パートへの有給休暇比例付与】

週所定労働時間	週所定労働日数	年間所定労働日数	勤続期間						
			6か月	1年6か月	2年6か月	3年6か月	4年6か月	5年6か月	6年6か月以上
30時間以上			10日	11日	12日	14日	16日	18日	20日
30時間未満	5日以上	217日以上							
	4日	169～216日	7日	8日	9日	10日	12日	13日	15日
	3日	121～168日	5日	6日		8日	9日	10日	11日
	2日	73～120日	3日	4日		5日	6日		7日
	1日	48～ 72日	1日	2日			3日		

(3)　健康保険の標準報酬日額相当額

この計算方法は、就業規則に定める必要があり、その都度変えることはできません。(2)は、事務作業の面で計算が面倒です。(3)は、労使協定を締結しなければならず、そもそもパートは社会保険に入っていないことも多く、これも現実的ではありません。

よって、最も楽なのが、(1)の通常勤務した場合の賃金（その人の所定労働時間）です。

★「所定労働時間」を労働契約書に明記する

パートの通常の勤務時間である「所定労働時間」をきちんと定めていますか。

日によって勤務時間が変動することもあるかもしれませんが、あくまでもベースとなる時間を決めておくべきです。

この部分が「勤務シフトによる」などという表現の場合は、勤務シフトで働く予定であった時間分が有給休暇の賃金となります。

事務作業は、デメリットがなければ、簡素化するに尽きます。

Q85　正社員以外は社会保険に加入しないときの問題は

Ａ　社会保険の加入基準を満たすパート社員や契約社員がいた場合、未加入のパートなどのいることがわかれば、遡及加入による保険料と社員からの損害賠償リスクを抱えることになります。
社会保険調査でも真っ先に調査対象となります。

★フルタイムパートが一番危険

社会保険は、雇用形態ではなく、あくまで労働時間、労働日数により加入基準が定められています。そのため、未加入のフルタイムパートが一番危険であり、社会保険調査でも真っ先に調査対象となります。

★社会保険料の概算

現在、社会保険料は、健康保険が約12％、厚生年金保険料が約18％となっています。両者はそれぞれが会社と社員の折半負担となります。

つまり、給料の約15％程度「(12＋18)÷2」が本来会社の負担するべき保険料となります。

しかし、未加入を摘発された場合、本来の15％ではなく社員負担分の保険料も問題（社員から回収できない可能性があります）となり、合わせて30％相当が一気に発生する恐れがあります。

★パート活用の意義

正社員以外、例えばパートの意義とは何でしょうか。

やはり、安価な給料で比較的簡単な作業を行ってもらうことだといえます。この意義に立ち返ると、パート社員の社会保険への加入は、メリットが少なくなります。

しかし、加入基準を満たすフルタイムパートを未加入にしておけば、大きなリスクになります。業務フローや、作業分担の見直しを行い、パートは加入基準（Q66参照）未満の勤務体系にすれば理想といえます。

★国保にない給付を社員が使いたい＋退職がトラブル発生リスク

健康保険には、国民健康保険にはない次の給付があり、加入基準を満たすパート社員がこの給付を使いたいと思うときが労務トラブルの発生リスクとなります。

(1) 傷病手当金

(2) 出産手当金

この2つは、(1)が病気（うつ病など精神疾患含む）、(2)が出産とどちらも「退職」がからんできます。退職する社員は会社に対してすべての権利を主張する傾向にあるため、未加入者の退職時に揉めてしまうと問題が大きくなる恐れがあり、注意が必要です。

Q86 パートの残業代計算の問題は

A　１日８時間、１週40時間までは、通常の時給支払いで問題ありません。この時間を超えると、割増賃金が必要になります。

★法定内残業と法定外残業を理解する

法律では、１日８時間、１週40時間を割増賃金のいらない労働時間の限度時間に定めています（これを法定労働時間といいます）。

パートの場合、給料計算でよくある間違いが、「月間トータル労働時間×時給」で単純に給料を計算してしまうことです（図表１０６、１０７）。

１日もさることながら、１週のオーバータイムにも注意する必要があり、割増賃金相当額が未払賃金になってしまいます。

★固定賃金がある場合は注意する

正社員同様に、パートにも月額いくらというように固定の手当を支給する場合、例外を除き残業代の計算基礎に含めなければいけません（除外していい手当はQ26参照）。

しかし、はっきりいって計算が細かく面倒です。よって、パートには、極力時給一本の給料体系

【図表 106　パートの残業代計算例①】

●時給1,000円で、通常６時間労働のパートが１日10時間労働した場合

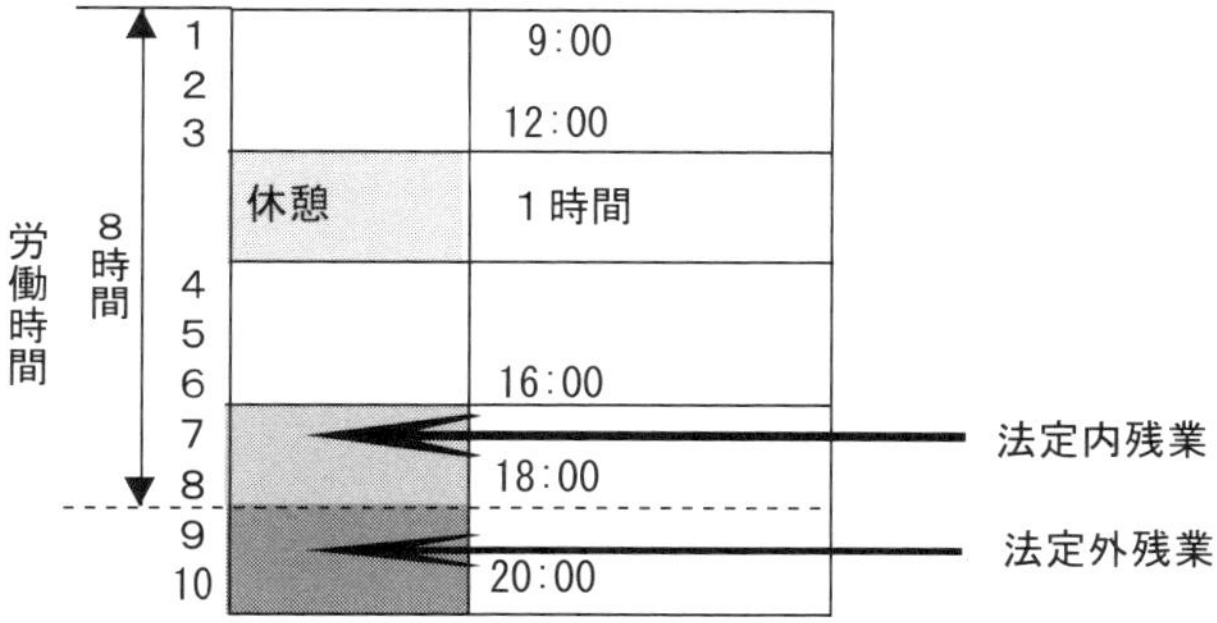

・1,000円×６時間＝6,000円
・1,000円×２時間＝2,000円…法定内残業
・1,000円×1.25×２時間＝2,500円…法定外残業
よって、この日の給料は、6,000円＋2,000円＋2,500円＝10,500円

【図表 107　パートの残業代計算例②】

●基本時給1,000円の他に職務手当として、月額10,000円が支給されている。
●１日の労働時間は６時間（１時間は休憩）、月平均20日勤務より月間所定労働時間は、６時間×20日＝120時間
●人が足りずに、１日７時間×６日間労働した場合

	月	火	水	木	金	土	
労働時間	1	1	1	1	1	2	← この２時間のみ割増対象
	6	6	6	6	6	5	
	7	14	21	28	35	42	（週の労働時間合計）

・1,000円×40時間＝40,000円
残業単価の算出
①　固定給の分解→10,000円（職務手当）÷120時間（月の所定労働時間）≒84円
②　残業単価→（1,000円＋84円）×1.25＝1,355円
よって、1,355円×2時間＝2,710円
この週の給料は、40,000円＋2,710円＝42,710円

にするほうが管理しやすいといえます。

★根本は法定外残業をさせないことで解決

そもそもパート社員には「法定外残業をさせない」というスタンスで管理すれば、計算の手間はなくなります。そうすれば給与計算も楽になり未払いのリスクもなくなります。

★パートは正社員以上に残業代にシビアな感覚をもっている

パート社員は、ほとんどが時給制です。毎日細切れの残業があれば、しっかり覚えています。今月は何時間残業したから給料がどの程度もらえるかを自覚しています。

そのような状況で、毎日の15分未満は切捨処理などを行うと、トラブルの原因やモチベーション低下につながります。パート社員には、正社員以上に1分単位の厳格な労働時間管理が必要です。

★かけもちパートのダブルワーク

例えば、A社の工場で4時間働き、その後B社で5時間の勤務を行ったとします。

この場合、法律上は1日の労働時間を合算する仕組みになっており、この例ではB社のラスト1時間が割増賃金の必要な残業となってしまいます。しかし、パート社員が他社で働いているかを会社で把握することは、現実的には困難です。

心配であれば、「ダブルワーク禁止」であることを明示すれば問題にはなりません。

Q87 高校生や大学生のアルバイトを雇うときの問題は

A 20歳未満については、年齢区分ごとに特別の規制を受けることになります。また、未成年ということで両親や行政が関係する部分もあり注意が必要です。

★学生アルバイト雇用の注意点

影響が大きいことは、年少者の「年齢証明」の備付と残業・深夜業の禁止といえます（図表108）。仕事が忙しいからといって、高校生アルバイトを遅くまで働かせると「親」が登場し、「労働契約を解除」するといったこともありえます。

飲食店・小売業などでは、店舗運営の大半を学生アルバイトで行っている場合もあるため注意が必要です。

★雇用保険と社会保険はどうなる

基本的に、学生は、親の扶養に入っています。保険に加入すればその分手取りが減りますので、当然保険には入りたくありません。また、会社も無駄な出費は抑えたいので加入させたくありません。従来、学生の雇用保険と社会保険の適用基準は図表109のようにそれぞれありましたが、平成28年10月からは社会保険の適用基準が新しくなります。その新基準では学生が適用除外とされ、

【図表 108　高校生と大学生の年齢による区分と注意点】

注意点	高校生（年少者）※18歳未満の者	大学生（未成年者）※20歳未満の者
会社が雇う場合には、年齢証明として「戸籍証明書」の備付が必要	●	
残業（時間外・休日労働）、深夜業（午後10時～翌朝5時）、フレックスタイム、変形労働時間制の禁止	●	
親権者や後見人が本人の代理で「労働契約」を結ぶことは不可能	●	●
人が結んだ「労働契約」が親権者や後見人、行政（労基署）により不利な労働契約だと判断された場合は、契約が解除可能	●	●

【図表 109　学生アルバイトの保険加入基準】

雇用保険

・週20時間未満の勤務、31日以上の雇用見込みがなければ対象外。
・昼間学生は、原則、対象外になりますが、次の①～③に該当すると対象者になります。
　①　卒業予定者が雇用され、卒業後も引き続き当該事業に雇用されることとなっている者
　②　休学中の者
　③　定時制の課程に在学する者

社会保険（平成28年9月末日までの基準）

・学生除外の特例はないため、通常勤務する正社員の労働時間、労働日数の４分の３を超えると、加入義務が発生します。
・２か月以内の期間雇用や季節的業務（海の家、スキー場など）に４か月以内の期間雇用の場合は、対象外となります。

※平成28年10月1日からは新しい基準となります（学生は適用除外）

原則雇用保険と同じ適用基準となる予定です。

ちなみに、学生アルバイトも労災保険の対象にはなりますので、ケガをした場合は補償がある代わりに、会社には保険料が発生します。

★外国人の場合は別区分で制限があるため要注意

外国人留学生の場合には、「資格外活動許可」を受けていれば週28時間以内に限りアルバイト可能です。

ただし、この場合においても、「風俗営業」の仕事はできません。

外国人留学生をアルバイト雇用する場合には、この「資格外活動許可」がなされているか証明書の提出を求め確認する必要があります。

なお、許可申請については、地方の入国管理局へ本人が申請することになります。

★学生アルバイトであっても労働契約書は作成すること

正社員やパート社員同様に学生アルバイトであっても労働契約書は必要です。事務作業を減らすためにも内容については、精査し簡素化する必要があります。若く元気がある一方、社会経験がない以上仕事に対するモラルの低い学生も存在します。

すべての社員に服務規定を遵守させるためにも、書面でルールを明示することには、大きな意味があるといえます。

Q88　パートから正社員への登用制度をつくったときの問題は

Ａ　正社員登用に伴うパート社員の労働条件の変更内容（メリット・デメリット）を説明し、誤解をなくすことが重要です。

★正社員を募集する際には社内公募を行う

せっかく制度をつくっても、運用しなければ意味がありません。正社員の求人を行う場合には、その前に転換制度を活用しパート社員から正社員へ登用できる人材がいないか検討すべきです。

★義務と権利を明確化すること

正社員になれば、当然、雇用は安定し給料もあがります。しかし、その分、職務領域は広がり責任も増すことになります。

会社としては、正社員になればどうなるか、条件を明示しなければいけません。条件変更の項目としては、図表１１０のようなものが考えられます。

★助成金を活用する

非正規社員の安定雇用については、キャリアアップ助成金がありますので、転換制度を検討の会

【図表110　正社員登用に伴うパート社員のメリット・デメリット】

メリット	・給料が月給制になり雇用が安定 ・退職金の支払対象（パート勤務期間をどう扱うか） ・賞与も増額 ・社会保険加入 ・定期健康診断の実施 ・有給休暇付与日数の増加
デメリット	・フルタイム勤務、かつ残業の発生による労働時間、労働日数の増加 ・配置転換による仕事の変更の可能性 ・転勤、出向による勤務地変更の可能性 ・責任の増大、職務内容の拡大 ・能力の要求

社はぜひ活用すべきです。

★労働契約書を新しく結ぶこと

パートから正社員への転換は、大幅な労働条件の変更となります。社員、会社それぞれにとっていい面もあり悪い面もあります。

無用なトラブルを防ぎ、「誤解」をなくすためにも、書面で新しい条件を相互確認します。

★考えられるトラブルは

正社員への転換自体は、パート社員にとって喜ぶべきことです。そのため、転換時よりも実際に正社員として働き出し、パートにはなかった転勤命令等の業務命令を出したとき等が問題です。

転換時に、条件確認が不十分であると、「そんな話は聞いていない」「いや正社員だから当然だろう」という問題が発生します。

結局は、転換時の条件確認に尽きるといえます。

Q89　正社員とパートに賃金格差を設けるときの問題は

Ａ　職務内容及び人材活用の仕組みが正社員と同一である場合には「賃金格差」をはじめ、教育訓練など全ての待遇についての差別的取扱いは禁止されます。

★正社員とパート社員の待遇差を認める基準は厳しくなってきている

平成27年4月1日のパートタイム労働法改正により、パート社員の差別的取扱いが禁止される対象範囲が拡大されました。

従来は、雇用契約期間も一つの判断指標でありましたが、今は有期労働契約を締結しているパート社員であっても、職務内容や人材活用の仕組みが正社員と同じであれば、待遇差を設けることは違法となってしまいます。実務上としては、職務内容については同じケースも多いと考えられるため、職務の責任の範囲や人事異動・配置転換の範囲で正社員とパート社員は異なる取扱をしている、ということを明確にする必要があります。

★パートタイム労働法に違反した場合はどうなる

厚生労働大臣の勧告に従わない場合は、事業主名が公表されることとなりました。また虚偽の報告をした場合には、20万円以下の過料に処せられます。

【図表111　正社員とパートの賃金、教育訓練、福利厚生の取り扱いルール】

＜短時間労働者の待遇の原則＞短時間労働者の待遇について、通常の労働者の待遇との相違は、職務の内容、人材活用の仕組み、その他の事情を考慮して、不合理と認められるものであってはならない。

【パートタイム労働者の態様】通常の労働者と比較して、		賃金		教育訓練		福利厚生	
職務の内容（業務の内容及び責任）	人材活用の仕組みや運用等（人事異動の有無及び範囲）	職務関連賃金・基本給・賞与・役付手当等	左以外の賃金・退職手当・家族手当・通勤手当（※）等	職務遂行に必要な能力を付与するもの	左以外のもの（キャリアアップのための訓練等）	・給食施設・休憩室・更衣室	左以外のもの（慶弔休暇、社宅の貸与等）
①通常の労働者と同視すべき短時間労働者							
同じ	同じ	◎	◎	◎	◎	◎	◎
②通常の労働者と職務の内容が同じ短時間労働者							
同じ	異なる	△	―	○	△	○	―
③通常の労働者と職務の内容も異なる短時間労働者							
異なる	―	△	―	△	△	○	―

（講ずる措置）
◎・・・パートタイム労働者であることによる差別的取扱いの禁止
○・・・実施義務・配慮義務
△・・・職務の内容、成果、意欲、能力、経験などを勘案する努力義務
―・・・パートタイム労働指針（40ページ）に基づき、就業の実態、通常の労働者との均衡等を考慮するように努めるもの

（資料出所：厚生労働省「パートタイム労働法のあらまし」より引用）

★該当者との民事上の争いになる可能性はあり

労務トラブルの可能性としては、図表111の禁止区分に該当するパート社員が退職した際に、差別的取扱いを理由に「退職金」を請求してくることは考えられます。

★パート社員雇い入れ時の事業主の説明義務

職務内容や責任範囲などで合法的に賃金格差を設けた場合であっても、事業主は、パート社員の雇い入れ時に雇用管理の改善措置の内容の説明が義務づけられています。

★賃金格差に相応しい職務能力を求める

正社員とパート社員で賃金格差があること自体は、問題ではありません。問題は、賃金格差と職務能力にギャップが生じることです。つまり、正社員には、その賃金に見合う仕事をさせる必要があります。

Q90　仕事の急減で契約期間途中で辞めてもらうときの問題は

Ａ　社員と合意のうえであれば問題ありませんが、会社側の一方的な都合であれば契約残期間の給料補償をする必要があります。

★給料補償の根拠

雇用契約の解除については、その事由が当事者の一方の過失によって生じたものであるときは、相手方に対して損害賠償の責任を負うとされています（民法６２８条）。

仕事の急減による期間途中解雇は、明らかに「一方（会社）の過失」に当たりますので、損害賠償が必要となります。

★全額補償が嫌なら休業させて休業手当を支払う

会社都合で自宅待機を命じた場合などには、社員の保護（所得保障）をする意味で休業手当（平均賃金の60％以上）の支払いが必要です（労基法26条）。

逆にいえば、契約残期間を自宅待機の休業とし、給与を１００％支払うのではなく、休業手当60％の支払いで済ませることは可能です。

民法によると、１００％保証も解釈されますが、実務上は労基法の休業手当を支払えば、残りの

【図表112 契約残期間の給与補償シミュレーション】

●月給20万円、契約期間１年の契約社員を半年で一方的に解除する場合
① 民法に従う給与保証（100%）：20万円×６か月（残期間）＝120万円
② 労動基準法に従う休業手当（60%）：20万円×６か月×60%＝72万円
③ 解決金50万円で合意退職 ⇒ 50万円

不確実な40%を求めて社員が争ってくることはほぼありません。

★社員と合意が得られれば問題なし

契約期間の途中での解除であっても、当事者双方の合意に基づくものであれば問題ありません。

会社側の提案を契約社員が受け入れた場合には、後々トラブルにならないよう、合意した証明として「退職届」もしくは「退職同意書」を回収しておきます。

★現実的な対応は金銭補償の%交渉

社員に責任のない一方的な契約解除の場合には、一定の解決金で合意退職とすることがベターな方法といえます。

契約残期間×60%の休業手当を1つのラインとすれば、結果的に図表112の③のようにリーズナブルな解決が図られることになります。

★有給休暇の残日数も交渉のポイント

契約解除を行う社員に有給休暇が残っていた場合には、この残日数の処理をどうするのかも交渉するうえでポイントとなります。

Q91 契約社員の契約期間を決めるときの問題は

A 長期間の契約をした場合は、契約残期間の給料補償リスクを伴います。事業実態に合わせ半年または1年程度が妥当といえます。

★期間の定めのある契約社員の存在意義

業務の繁忙に合わせて有期契約で働く「契約社員」の意義が、雇用の調整弁であることは事実です。有期契約社員というと、すぐに派遣社員を連想しますが、期間の定めのある社員すべてについて同じことがいえます。残存期間の給料補償リスクも踏まえると、半年ないし1年が妥当な契約期間といえます。

労働契約期間の上限は、図表113のとおりです。

★長期間の契約を結ぶなら正社員にするほうがよい

能力の高い社員を自社に留めるために長期雇用したいのであれば、契約社員ではなく正社員登用すべきです。

長期間の契約期間で契約したとしても、1年を経過してしまえば、社員側は自由に退職を申し出ることができます。また、労働契約法の改正により、契約社員としての通算期間が5年以上になる

【図表113 労働契約期間の上限について（労基法14条）】

① 一定の事業の完了に必要な期間を定める業務（建設工事業務等）以外は原則最大３年 ② 次に該当すれば最大５年とすることが可能 一、専門的な知識、技術または経験であって、高度な者 二、満60歳以上の者が労働契約を締結

と雇用の定めのない社員へ転換することも考える必要がでてきます。

今後は、長期契約の契約社員はつくらないほうが得策といえます。

★地位・役職特定社員の契約

外部から、特定の業務やポジションを担ってもらうためにヘッドハンティングする場合や、転職エージェントを介して人を雇う場合があります。このような求められる能力・成果が明確な場合には、実績によって契約条件を変動できるように契約期間を区切ることも必要です。

つまり、契約更新自体は行い雇用を保障するが、給料等の待遇面は実績をもとに改定を行う、ということです。特定業務従事者（役職特定者含む）は、当然ながら、高い報酬になります。

本人のもつ能力が会社の期待するレベルになかった場合に、会社側が柔軟に対応（契約解除か給料改定）できるように、長期間の固定給料保障は得策ではありません。

この場合には、できるだけ客観的に評価が可能な数値基準を明示し（例えば、営業職であれば年間売上額や新規顧客獲得数等）、成果がどのレベルであればアップ改定か、現状維持か、またはダウン改定かを定めておくことが運用のポイントとなります。

Q92 契約期間満了退職で退職届を提出しないときの問題は

Ａ　契約社員の期間満了退職に退職届は不要です。
反復更新など、契約内容によっては、雇止めのトラブルが発生する恐れがあるため、場合によっては退職合意書を整備します。

★契約更新拒否（雇止め）のトラブル

契約期間満了による更新拒否は、契約社員において最も多いトラブルです。この問題は、契約内容や今までの契約更新状況等により、何の問題もなく期間満了により「退職」となるパターンと、契約更新拒否は「解雇」と見なされるパターンがあります。

状況に応じ「契約期間満了による退職合意書」か「契約期間満了通知書」を作成することで、雇止めのトラブルを予防します。

★当然に「期間満了退職」となる場合

契約内容に「契約の更新はしない」ことが明記されている場合には、当然に期間満了退職となります。

この場合には、期間満了通知書（図表114参照）のみで問題ありません。

【図表114 契約期間満了通知書の例】

平成　年　月　日

＿＿＿＿＿＿＿＿殿

株式会社○○○○○
代表取締役○○○○ ㊞

契約期間満了通知書

平成　年　月　日付けにて貴殿と締結した　ヶ月間の労働契約が、来る平成　年　月　日をもって期間満了となることを下記の通り通知します。

記

1、労働契約期間満了日
　平成　年　月　日

2、離職票記載退職事由
　契約期間満了による退職

以上

★期間満了通知書と退職合意書

いずれの場合も、トラブル防止のためには、図表114の契約期間満了通知書は出すべきです。

ただし、この通知書を出したからといって、相手方が納得するか否かは別問題となります。

そのため、本人の能力、会社の経営状況等契約更新拒否の理由を説明し、退職することに合意が得られた際には、退職後のトラブルを防止するために退職合意書（同意書）を回収します。

合意ができなければ、手段は2つです。1つは、ラストの契約更新を行い、契約書に「契約の更新はしない」ことを明記します。

もう1つは、トラブルを覚悟のうえで契約更新を拒否することです。

Q93 契約社員に正社員と同じ契約書（就業規則）を使っているときの問題は

Ａ　契約社員特有の「雇止め」トラブルを解消するために、専用の契約書が必要です。また、異なる待遇で管理するには、別の就業規則がなければ、正社員の就業規則が適用されます。

★契約書に必須の「雇止め条項」

契約社員の契約更新拒否によるトラブルが多発したことで、現在は契約社員の契約書には「契約更新の有無」と「更新する場合の判断基準」を明記することが義務づけられています。

(1)　契約更新の有無については、次の３種のうちいずれかを明記

①　契約は自動的に更新する
②　契約は更新する場合があり得る
③　契約の更新はしない

ほとんどのケースで②の表現になることが推測されます。通常はこの表現を用い、ラストの契約更新で③の内容に変えて契約をすれば雇止めのトラブルは解消します。

(2)　更新する場合の判断基準については、左のような基準を明記

①　契約期間満了時の業務量により判断する
②　労働者の勤務成績、態度により判断する

③ 労働者の能力により判断する
④ 会社の経営状況により判断する
⑤ 従事している業務の進捗状況により判断する

①から⑤をすべて記載しても、いずれか1つを選んで記載しても法的には問題ありません。会社にとってはすべて記載するほうが判断基準を多くすることになり、結果として契約更新拒否を行う場合の正当性が増します。

★契約社員用の就業規則の整備方法

契約社員用の就業規則の整備にあたっての留意点は、次の点です。

(1) 就業規則中に「契約社員」の定義を明記します。通常、「期間の定めのある雇用契約を結んだ社員」といった表現になります。

(2) どこからどこまで正社員の就業規則を準用するか、準用範囲を明記する（服務規定や懲戒規定、人事異動などが想定されます）→準用範囲が明確に定められていないとトラブルの要因になるため注意が必要です。

(3) 正社員と違う取扱いをする部分を明記すること（退職金、賞与、給与体系、休職、特別休暇などが想定されます）

(4) 勤務時間、勤務日、給与などの社員1人ひとりの細かい労働条件は「個別の労働契約書」により定めることを契約社員就業規則に明記し、「契約社員労働契約書」を用い、運用します。

Q94 契約社員との契約を何度も更新するときの問題は

A 契約期間と更新回数によって、期間の定めのない正社員同様の扱いがなされ、契約解除が「解雇」と見なされる場合があるため注意が必要です。

★「契約更新拒否」＝「解雇」と見なされる恐れあり

契約社員の一番のトラブルは、「契約更新拒否」（雇止め）です。問題は、契約社員が正社員と同一視されてしまい「更新拒否」が「解雇」とみなされる場合（これを解雇の類推適用といいます）です。会社としては、「雇用調整がしやすい」から契約社員を雇用しています。そのため、「解雇」と見なされてしまっては、メリットがなくなります。

この「解雇の類推適用」は、様々な事情により判断されますが、過去の判例により、次のポイントが重要とされています。会社としては、特に(1)の管理面を整備することが必要です。

(1) 期間満了時の契約更新手続がルーズ（更新時の契約書がないなど）
(2) 正社員同様の恒常的業務に従事し、更新回数が多い

★更新時のトラブル防止ポイント

まずは、契約の更新ごとに契約書を作成し、厳格な手続を踏むことです。

そのうえで、正社員と同じような仕事をし、何度も契約更新している場合には、ラストの契約書に「契約の更新はしない」ことを明記します。

この部分を明記せずに、期間途中で次回の更新をしないことが決まった場合は、満了日までに社員と退職につき合意ができれば「退職同意書」を作成します。

合意ができなければ、「次回の契約更新はしない」ラストの契約をもう一度だけ結びます。

★30日前までの終了通知義務

「解雇」の適用とは別に、会社は次の契約社員の契約を更新しない場合、30日前までに契約終了の通知（Q92参照）をする義務があります。これは、退職に関する合意とは別個に必要です。

(1) 契約が3回以上更新されている場合
(2) 1年以下の契約が更新され、継続して通算1年を超える場合
(3) 1年を超える契約期間の労働契約を締結している場合

★通算契約期間が5年以上の契約社員におとずれる無期転換の問題

有期労働契約の雇止めの問題が大きくなったことで労働契約法が改正されたことに伴い、同一の使用者との間で有期労働契約が通算で5年を超えて反復更新された場合は、労働者の申込みにより、無期労働契約に転換する、という新しいルールができました。これからはこの問題にも対応する必要がでてきます（詳細はQ98参照）。

Q95 嘱託社員にするときの問題は

A　嘱託社員と正社員でどこがどのように違うのかを明確化し、ルールを整備することが必要です。また、正社員であった者が嘱託社員になる場合には、改めて労働契約書を作成します。

★そもそも嘱託社員とはどんな社員か

法律で、嘱託社員が定義されているわけではありません。「ウチの会社の嘱託社員の定義はこれです」と決めてしまえばそうなります。

一般的には、定年退職後の社員もしくは特殊業務の従事者が「嘱託社員」とされています。そのため、本書でも定年退職後の自社社員を「嘱託社員」と位置づけます。

★嘱託社員を設ける意義

正社員が定年退職を迎えると、一旦労働契約は終了となります（退職金があれば、この時点で払出）。そのため、労働条件を新しく協議し決定できることになります。

日本の賃金システムは、下方硬直性（一旦上げたら下げにくい）の特徴があります。当然、給料に見合っているかどうかは別の問題ですが、定年退職者は給料が高くなっています。

このギャップが会社の必要性、本人の能力に応じて調整可能となります。協議した条件で合意があれば、労働契約書を改めて結びます。

★定年退職者の再雇用時検討ポイント

(1) 該当者の年金の支給金額

在職者の年金は、給料の金額により支給調整されてしまいます。この支給調整された年金は、後でもらえるわけではありません。そのため、年金が極力多くもらえる水準で給料を減額調整すれば、会社も社員も社会保険料の負担を減らすことができます。

(2) 高年齢者雇用継続給付金

雇用保険の給付金の1つに高年齢雇用継続給付金といわれるものがあります。これは、60歳以降の賃金が60歳時の賃金に比べ75％未満に低下した場合、最大で低下後の給料支給額の15％が社員に直接支給されます。

(3) 労働時間、労働日数

定年後もフルタイムか、もしくは日数・時間を減らすのか。健康面、能力に応じ協議します。

(4) 社会保険の適用

正社員の4分の3未満の労働時間・労働日数（平成28年10月以降は週20時間未満等）になれば、社会保険の適用外となります。「定年後は息子の扶養に入り、扶養の範囲内で働きたい」というような要望があるかもしれません。適用外になれば、会社も保険料負担がなくなるメリットはありますが、会社が受け入れるかどうかは自由です。あくまで交渉となります。

Q96 嘱託社員と正社員を同じルールにしているときの問題は

A　すべてが同じであれば正社員用の就業規則で対応できますが、現実的には、昇給・賞与・退職金といった項目は違うルールが大半ですので、別規則が必要です。

★すべてが同じルールであれば「嘱託社員」の区分自体が意味をなさない

正社員と違うルールで管理したいからこそ、違う区分を設けるはずです。服務規定や懲戒事由といったルールは同じでも、給料等で違う部分があれば別規則が必要となります。

★健康問題による休職もリスク

高齢者雇用における会社のリスクの1つは、加齢に伴う健康問題です。人によっては定年後もバリバリ働ける人もいますが、そうではない人がいるのも事実です。正社員と同じルールでは、休職制度も準用されます。

病気が発症する確率が違うのであれば、発症した場合の保障である休職制度も違うルールになるべきです。

例えば、嘱託社員を期間の定めのある社員として取り扱う場合には、契約期間の満了日を休職期間の満了日とすることも考えられます。

★退職金・昇給（昇格）・賞与は特に注意

嘱託社員でトラブルが想定されるポイントは、次の点です。

(1)　退職金

嘱託社員は、定年退職時にいったん退職金を支払っています。別規則を作成せずに、同じルールで運用すると、嘱託社員としての退職時に嘱託社員としての退職金を請求される恐れがあります。

(2)　昇給（昇格）

正社員と違い、嘱託社員の能力は、過去勤務期間において既に完成されているといえます。そのため、正社員のように毎年の定期昇給は実施しないことが一般的です。しかし、同じ就業規則を適用していれば嘱託社員も上げる羽目になります。

(3)　賞与

モチベーションの観点からいえば、正社員と嘱託社員であえて差をつけなくてもよい部分です。嘱託社員には賞与を支給したくないのであれば同じルールでは問題です。

また、支給するにしても正社員とは別の査定方法にて支給することは検討すべきです。

★嘱託社員用の就業規則をつくる

正社員と同じルールの部分と違うルールの部分を分けて考えます。同じ部分は、「準用する」の表現で省略し、違うルールの部分については詳細に規定し整理します。

Q97 嘱託社員を管理職にするときの問題は

Ａ 管理職とは、会社が定める任意のルールです。嘱託社員を管理職として雇用することは可能ですが、残業代の支払対象になるかという問題が残ります。

★業務内容に応じて残業代の支払いを決める

残業代の支払いが不要とされる法律上の「管理監督者」は、あくまでも仕事の内容・責任・管理方法等によって判断されます（Ｑ25参照）。

定年退職まで残業代の支払対象外であった「管理職」が「嘱託社員として再雇用」後も同じ管理職ポジションのまま勤務するのか、再雇用のタイミングで職務やポジションが変更になるのかが判断ポイントとなります。

★管理職にするときには相応の給料支払いが必要

正社員の定年退職時からの再雇用では、自由な条件設定が可能です。

しかし、正社員時の役職のまま、管理職として「嘱託社員」にスライドする場合には、大幅な減額は厳しいといえます。一般社員と同様の給料では、管理職性を否定されてしまうためです。

通常、嘱託社員は、労働時間の減少や年金調整の関係で、給料は減らす傾向にあります。

このことを踏まえると、嘱託社員を管理職にすることは可能ではあるものの、定年のタイミングでポスト（役職）を他の正社員へスイッチするほうが得策といえます。

★ポジションを空けて後任を育成することも必要

組織には、世代交代や若返りも必要です。優秀な人材が定年退職になる場合は、なおさら後任者の育成が重要となります。

通常業務より離れ、後任候補の育成、サポート業務に特化する「嘱託社員」がいてもおかしくありません。

★高齢者雇用政策の現状

現在、65歳未満の定年を定めている会社は、「高年齢者等の雇用の安定等に関する法律」により、次のいずれかの措置を講じる義務があります。

(1)　定年の引上げ
(2)　継続雇用制度（希望者を定年後も引き続いて雇用する制度）の導入
(3)　定年の定めの廃止

平成27年の高年齢者の雇用状況調査によると、この3つの措置の実施割合はそれぞれ、定年の引き上げが15・7％、継続雇用制度が81・7％、定年の廃止が2・6％と大半の企業が継続雇用制度を実施しています。今後、ますます高年齢者の活用は大きな課題となってきます。

Q98 有期契約社員を通算5年以上雇用するときの問題は

A 本人からの申出があれば、自動的に期間の定めのない契約となる無期転換申込の権利が契約社員に発生するため、契約社員の5年経過後の取扱を会社で決めておく必要があります。

★労働契約法の改正による5年無期転換ルール

有期労働契約が反復して更新され、その通算契約期間が5年を超えたときは、労働者の申込みにより、期間の定めのない労働契約（無期労働契約）に転換できるルールが新しくできました。

ここでいう通算契約期間のカウントは、平成25年4月1日以後に開始する有期労働契約が対象となります。よって、実務上無期転換の申込みが発生するのは最短で平成30年4月1日以降となります。

なお、パートや契約社員、嘱託社員など名称にかかわらず、雇用期間に定めがある労働者は全てこの制度の対象になります。

★会社は要件を満たす労働者の無期転換への申込みを拒否できない

要件を満たす労働者が無期転換の申込みをすると、使用者（会社）が申込みを承諾したものとみなされ、自動的に無期労働契約がその申込み時点で成立することになります。

なお、無期に転換されるのは申込みの時点ではなく、申込時に契約中の有期労働契約が終了する

【図表115　無期転換ルールの特例の対象者とその内容】

①大学等及び研究開発法人の研究者、教員等 →無期転換の申込権利発生までの期間が10年になります。 ②年収1,075万円以上の一定の高度専門職 →５年を超える一定期間内に完了するプロジェクトに従事する場合、そのプロジェクトに従事している期間は、無期転換申込権が発生しません。（最長10年まで） ③定年に達した後引き続いて雇用される者 →その事業主に定年後引き続いて雇用される期間は、無期転換申込権が発生しません。 ※ただし②、③については労働局へ所定の申請をし、認定を受ける必要があります。

翌日からとなります。使用者としてはこの申込みを拒否することはできず、拒否した場合は解雇となってしまいます。そして、解雇は客観的に合理的な理由を欠き、社会通念上相当と認められない場合には、権利濫用に該当するものとして無効となります。つまり、原則として無期転換への申込は拒否できないといえます。

★就業規則の整備、雇用管理区分の見直しも必要

無期労働契約に転換する場合の労働条件は、特に定めがない限り、直前の有期労働契約と同一となり、契約期間だけが有期から無期に変わります。通常、無期雇用は正社員ですが、ここで正社員とは違う別の「無期転換社員」という社員区分にすることも考えられます。会社は、正社員とするのか、または無期転換社員とするのかを検討し、それに合わせた就業規則の整備も必要です。

★一部の人は無期転換について例外の取扱いが可能

例外としての取扱いとなる人もいます（図表１１５）。特に、60歳定年制を採用している会社は、定年後再雇用をした人を適用除外とするために労働局へ申請・認可を受けることが重要です。

Q99　派遣会社から派遣社員を長期間活用するときの問題は

Ａ　原則３年以上、派遣社員の方を活用することはできません。延長も可能ですが、違法状態で派遣社員を活用していると、受け入れ企業に直接雇用の義務が生じてしまうため注意が必要です。

★すべての業務で事業所単位、個人単位のダブルの期間制限という新しいルール

Ｈ27年９月の派遣法改正で派遣社員の大幅なルール変更がありました。従来は、一定の専門的な26区分の業務には派遣期間の制限を設けない仕組みがありました。これが見直され、すべての業務で、次の２つの期間制限が適用されます（ただし、図表１１６の人は期間制限の対象外となります）。

①　派遣先の同一の事業所に対し、派遣できる期間は原則３年が限度

※この事業所単位での３年の派遣可能期間を延長しようとする場合は、その事業所の過半数労働組合または過半数代表者から抵触日の１ケ月前までに意見を聴くことで３年超の受け入れが可能

②　同一の派遣労働者を、派遣先の事業所における同一の組織単位（課やグループなどの単位）に対し、派遣できる期間は３年が限度

★労働契約申込みみなし制度

期間制限にからみ、会社にとってもう一つ大きな改正点があります。それが、派遣先が次に掲げ

【図表116 改正派遣法における期間制限の対象外となる場合】

次に掲げる場合は、例外として、派遣期間の制限がかかりません。 ① 派遣元事業主に無期雇用される派遣労働者を派遣する場合 ② 60歳以上の派遣労働者を派遣する場合 ③ 終期が明確な有期プロジェクト業務に派遣労働者を派遣する場合 ④ 日数限定業務（1か月の勤務日数が通常の労働者の半分以下かつ10日以下であるもの）に派遣労働者を派遣する場合 ⑤ 産前産後休業、育児休業、介護休業等を取得する労働者の業務に派遣労働者を派遣する場合

る違法派遣を受け入れた場合、その時点で、派遣先が派遣社員に対して、直接雇用の労働契約の申込みをしたものとみなされてしまうという「労働契約申込みみなし制度」です（この場合の労働条件は、その派遣社員の派遣元における労働条件と同一の労働条件）。

※派遣先が違法派遣に該当することを知らず、かつ、知らなかったことに過失がなかったときを除きます。

(1) 労働者派遣の禁止業務に従事させた場合
(2) 無許可の派遣事業主から労働者派遣を受け入れた場合
(3) 派遣期間制限に違反して労働者派遣を受け入れた場合
(4) 偽装請負の場合

★派遣先企業は派遣会社の選択、検討をするタイミング

派遣先企業としては、期間制限や労働契約申込みみなし制度が大きな課題ですが、図表116に書かれている通り、その派遣社員が派遣元事業主に無期雇用されている場合は期間制限の対象外となります。よって、派遣料金もさることながら、今後は派遣会社がその派遣社員と無期雇用契約をしているかどうかといったことも派遣会社を選ぶ判断材料となってくるといえます。

★3年の派遣可能期間を延長しようとする場合の意見聴取の手続

3年の派遣可能期間を延長しようとする場合、その事業所の過半数労働組合等からの意見を聴く必要があります。この意見聴取は期間制限の抵触日の1か月前までに、①派遣可能期間を延長しようとする事業所、②延長しようとする期間を書面で通知する必要があります。

なお、派遣可能期間を延長できるのは3年間までとなっています。よって、延長した派遣可能期間を再度延長しようとする場合は、改めて過半数労働組合等から意見を聴く必要があります。

★派遣期間の継続性判断の基準となるクーリング期間

事業所単位、個人単位それぞれの期間制限には、いわゆる「クーリング期間」の考え方があります。これは、派遣期間の終了後に再び派遣する場合、派遣終了と次の派遣開始の間の期間が3ヶ月を超えないときは、労働者派遣は継続しているとみなす、というものです。逆に言えば、3ヶ月を超える期間が空いていれば前後の派遣期間は継続していないという判断となります。

ただし、派遣元が、同一の派遣社員を継続して3年間派遣した後、本人が希望していないのに、クーリング期間を空けて再び同じ組織単位の業務に派遣することは、派遣社員のキャリアアップの観点から望ましくないとされています。

また、派遣先企業が3年間派遣を受入れた後、派遣可能期間の延長手続を回避することを目的として、クーリング期間を空けて派遣の受入れを再開するような、実質的に派遣の受入れを継続する行為は、法の趣旨に反するものとして指導等の対象となりますので注意が必要です。

10

マンナンバーをめぐる問題と対処法

Q100　マイナンバーを会社が漏えいしたときの問題は

A　マイナンバー法での罰則適用、民事上の損害賠償、社会的な風評被害、個人情報保護委員会からの行政指導といったリスクが懸念されます。

★マイナンバー法には厳しい罰則がある

マイナンバー法には個人情報保護法と比べても厳しい罰則が定められています（図表116）。

罰則の適用については原則、故意に漏えいをした場合とされています。社員の過失で漏えい事案が発生した場合に、即時に社員、会社に罰則が適用されるわけではありませんが、漏えいに対して厳しい罰則が定められていることは理解しておく必要があります。なお、罰則については、不正行為を行った本人に対してになりますが、その本人を雇用している企業に対しても罰金刑が科せられる両罰規定も存在しています。これは、会社ぐるみの詐欺行為、マイナンバーの売買などが想定されています。

★民事上の賠償責任のリスク

漏えい事案が起こったとしても、全てに罰則が適用されるわけではありませんが、こちらの民事上の賠償責任については、故意か過失かを問わず、全ての事案で発生するリスクがあります。

【図表116　マイナンバー法と個人情報保護法での主な罰則】

行為内容	マイナンバー法	個人情報保護法
個人番号利用事務等に従事する者が、正当な理由なく、特定個人情報ファイルを提供	4年以下の懲役 or 200万以下の罰金 or 併科	
上記の者が、不正な利益を図る目的で、個人番号を提供又は盗用	3年以下の懲役 or 150万以下の罰金 or 併科	
人を欺き、人に暴行を加え、人を脅迫し、又は、財物の窃盗、施設への侵入等により個人番号を取得	3年以下の懲役 or 150万以下の罰金	
委員会から命令を受けた者が、委員会の命令に違反	2年以下の懲役 or 50万以下の罰金	6月以下の懲役 or 30万以下の罰金
委員会による検査等に際し、虚偽の報告、虚偽の資料を提出する、検査拒否等	1年以下の懲役 or 50万以下の罰金	30万以下の罰金
偽りその他不正の手段により個人番号カードを取得	6月以下の懲役 or 50万以下の罰金	

現段階では、まだマイナンバーにはあまり多くの情報がひもついていませんが、今後金融機関の預金情報や医療情報といったことがひもつくようになると、マイナンバー情報のもつ重要性、価値があがり、相対的に1件当たりの賠償額が上げることが予想されています。

★企業としての風評被害、信頼低下

現段階ではこれが最も大きなリスクともいえます。業種や規模にもよりますが、取引先にセキュリティ対策を求める企業も増えています。マイナンバーが漏れるという事実は、取引先や顧客に対して非常に悪いイメージを与えてしまい、マイナンバーが漏れたことをきっかけとして、取引の停止なども十分考えられます。

★個人情報保護委員会の監督、行政指導

個人情報保護委員会は、マイナンバーを含む個人情報の適正な取扱いを確保するための独立性の高い機関です。漏えい事案が起こった場合には、この委員会から行政指導、立ち入り検査等を受けることが予想されます。

Q101 マイナンバーを社員から回収するときの問題は

Ａ　マイナンバーの利用目的を通知したうえで社員から回収する必要があります。その際、回収するマイナンバーが確かにその人の分であるという本人確認をする必要があります。

★利用目的の通知は必須

マイナンバーを取得するときは、利用目的を本人に通知又は公表する必要があります。

この利用目的の通知方法は、利用目的を記載した書類の提示（図表１１８参照）のほか、社内ＬＡＮにおける通知、就業規則への明記等の方法が考えられます。

★本人確認のやり方

マイナンバーを取得する際には、他人へのなりすましを防止するために、正しい番号であることの確認（番号確認）と、番号の正しい持ち主であることとの確認（身元確認）をすることがマイナンバー法で求められています。基本的な確認方法としては次の２つがあります。

①　個人番号カード

②　通知カードまたはマイナンバーの記載された住民票の写し＋運転免許証又はパスポート

ただし、雇用関係にあることなどから本人に相違ないことが明らかに判断できると認められると

【図表117　マイナンバーの提供を求める服務規程の規定例】

（マイナンバーの提出） 第＊＊条　社員は、マイナンバー法に基づき、会社がマイナンバー（個人番号）の提供を求めた場合、社員は速やかにこの求めに協力しマイナンバーを提供しなければならない。 2．会社は、前項のマイナンバーの提供をうける際に社員に対して、本人確認措置として、番号確認のためにマイナンバーカードまたは通知カードの提示を求める。また、身元確認のために写真付きの身分証明書の提示を求める。この場合、社員は本条の本人確認措置に協力しなければならない。

きは身元確認書類を不要とし、番号確認のみも認められています。

★マイナンバーの提出を社員が拒否した場合

マイナンバーは税や社会保障などの特定分野の手続に必要になってきますが、社員の中にはプライバシーの関係で会社へのマイナンバーの提供を拒否することも考えられます。提供を受けられない場合は、会社が適切に法律に基づき提供を求めた経過等を記録、保存して、単なる義務違反でないことを明確にしておく必要があります。

★マイナンバーの提出義務を就業規則にも明記しておく

法に定める範囲での手続についてマイナンバーの提供をすることを就業規則の服務規律に規定しておくことも一つです（図表117）。

★マイナンバーを未記載で行政機関に申請書を出す場合

マイナンバーが未記載であっても、現状は受付をしてくれないことはありません。また、社員からマイナンバーが回収できない場合は提出先の行政機関の指示に従うこととなっています。

【図表 118　マイナンバー利用目的の通知書サンプル】

平成＊＊年＊＊月＊＊日

社員各位

株式会社＊＊＊＊

マイナンバーに関するご案内

平成 28 年 1 月より、国民一人一人に個人番号を割り振り、社会保障や納税に関する情報を一元的に管理するマイナンバー制度が開始されました。つきましては、このマイナンバーに関し、下記の通り、社員の皆さんにご案内いたします。

記

1、マイナンバーの利用目的通知

マイナンバーは重要な個人情報であり、特定された目的以外で利用することはできません。会社が社員の皆さんのマイナンバーを利用するのは以下の目的のみとなりますので、ここにマイナンバーの利用目的を通知します。

【社会保障関係】

① 雇用保険の届出等に関する事務

② 健康保険・厚生年金保険の届出等に関する事務

【税関係】

① 給与・賞与・年末調整の所得税源泉徴収等に関する事務（扶養控除等（異動）申告書、保険料控除申告書兼配偶者特別控除申告書を従業員が提出する事務）

② 源泉徴収票の作成、提出に関する事務（給与支払報告書含む）

2、社員の皆さんへの依頼事項

ご自身及び扶養家族のマイナンバーの確認及び会社への番号情報の提供のほど、宜しくお願い致します。

なお、本人確認措置として、通知カードの写し及び写真付きの身分証明書として免許証またはパスポートの写しをご提示頂きたく、合わせてお願い致します。

以上

Q102 マイナンバーの安全管理措置を未実施のときの問題は

Ａ　万一情報漏えいしてしまった場合は、マイナンバー法違反による罰則の適用の可能性があります。また、個人情報保護委員会からの行政指導の対象にもなることが予想されます。

★安全管理措置の事前準備

マイナンバー法では、マイナンバーを取り扱うにあたり、「個人番号の漏えい、滅失又は毀損の防止その他の個人番号の適切な管理のために必要な措置を講じなければならない」と規定されています。この安全管理措置を実施するためにはまずは、会社の基本方針を策定し、次の３点の範囲を明確にする必要があります。

①マイナンバーを取り扱う事務の範囲
②マイナンバーと関連付けて管理される個人情報（氏名、生年月日等）の範囲
③マイナンバーを取り扱う社員の範囲

★具体的な安全管理措置

図表１１９の４つが安全管理措置となります。

手法については、ガイドラインで示された例示ですので、絶対にこれらの手法に限定されるわけ

【図表119　マイナンバー管理に係わる４つの安全管理措置】

1　組織安全管理措置
・組織体制の整備、取扱規程に基づく運用状況の記録（システムログ）、取扱状況の確認手段の整備、情報漏えい事案への対応法の整備等
2　人的安全管理措置
・マイナンバー事務担当者の教育、監督等
3　物理的安全管理措置
・マイナンバーの管理区域、取扱区域の明確化、機器・電子媒体の盗難防止措置、電子媒体持ち出しの場合の漏えい防止措置、マイナンバーの削除・破棄方法等
4　技術的安全管理措置
・情報システムのアクセス制御、アクセス者の識別と認証、外部からの不正アクセスの防止、通信経路による情報漏えい防止措置等

ではありません。安全管理措置が決まったら、その内容を盛り込んだ取扱規程を作成し、運用していきます。

なお、事業者のうち社員数が１００人以下の中小企業については若干の軽減措置があります。

★マイナンバー事務を外部へ委託するかどうかもポイント

信頼できる社労士、税理士がいれば、委託先にマイナンバー管理を担ってもらうことも一つの手段です。

また、絶対にシステムの導入が必要なわけではありません。

社員数の少ない中小企業では紙だけの管理も考えられます（図表１２０）。

【図表 120　マイナンバー管理方法の検討】

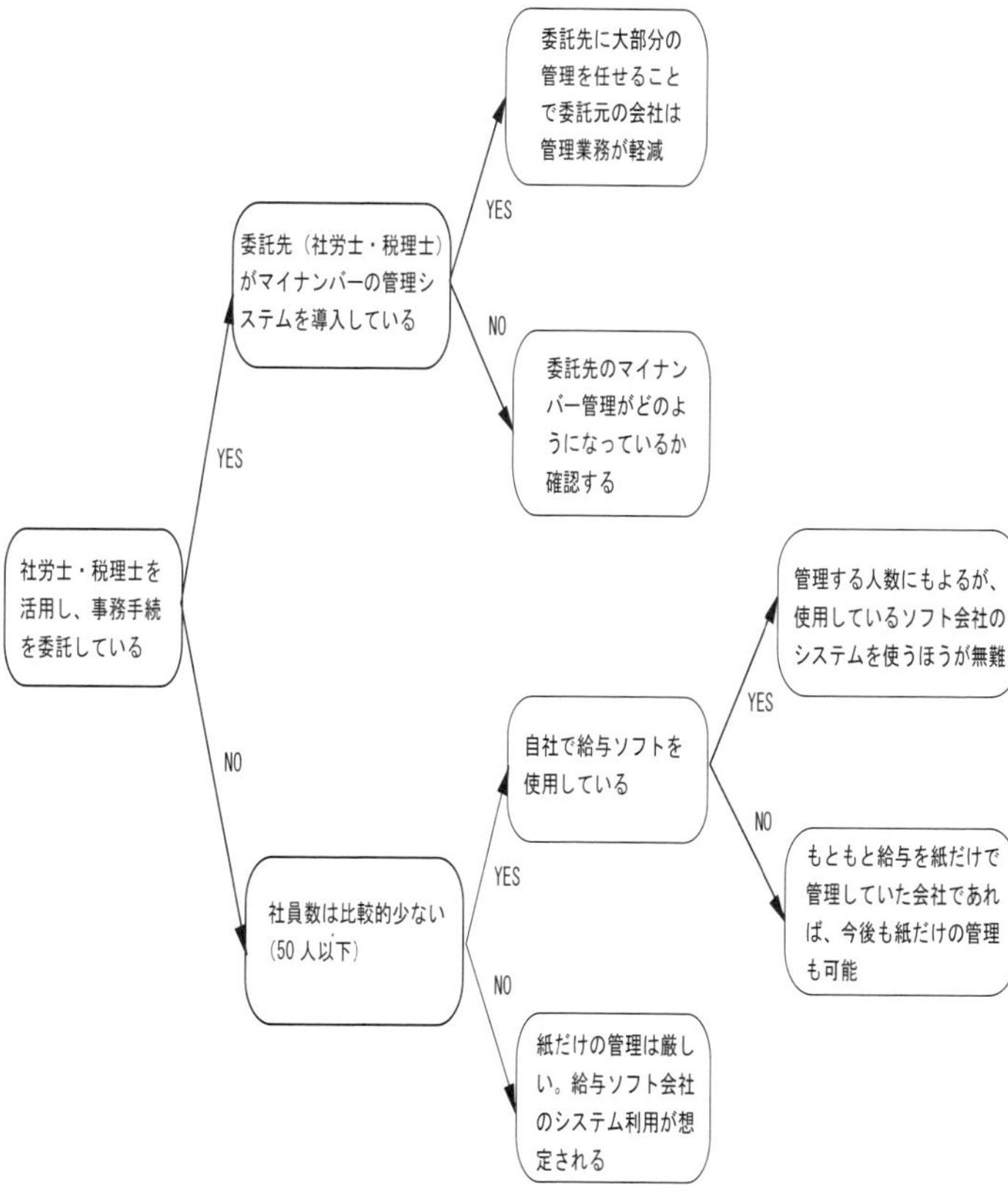

Q103 マイナンバーに係わる社員教育の際の問題は

A　モラルをあげるためにも一時的ではない継続的な教育を実施すること、担当者だけに押し付けず組織全体で情報セキュリティ対策に取り組むことが重要です。

★マイナンバーの細かい取扱いルールは次々に変わってきている

マイナンバーの実務運用は平成28年1月1日より雇用保険がまず始まりましたが、この数ヶ月の間だけであっても、取扱のルールが変わってきています。

今までよかったことが不可になることや、逆に必要だと思っていたことが不要になることがあります。企業としては定期的な社員教育を実施する仕組みが必要といえます。

★マイナンバー事務担当者以外にも教育を実施する

マイナンバーの事務担当者は特定された社員かもしれませんが、組織全体としての情報セキュリティ意識が高いほうが漏えい事故を防げるのは言うまでもありません。

そのため、マイナンバー事務担当者には外部研修などで専門知識を得てもらい、その他の社員（例えば管理者向け）の情報管理教育はマイナンバー事務担当者が実施する仕組みをつくれば、全体での意識の共有や現場に会った管理方法が徐々に構築されていくことになります。

【図表121 マイナンバー、情報セキュリティの教育・研修に役立つ行政機関サイト】

・内閣官房　マイナンバーサイト
http://www.cas.go.jp/jp/seisaku/bangoseido/

・ここからセキュリティ！　情報セキュリティ・ポータルサイト
（運営元：独立行政法人情報処理推進機構）
http://www.ipa.go.jp/security/kokokara/

・内閣サイバーセキュリティセンター
http://www.nisc.go.jp/

★取扱規程の周知徹底、社員と個別の誓約書も有効

自社でマイナンバー取扱規程、マニュアル等を作成した場合はそのルールを周知徹底させていくことが直接社員教育に繋がります。どこかのひな形を利用して作成した取扱規程が現場で運用不可能な場合は、現場の実態に合った内容に改良していく必要もあります。

また、心理的な抑止力、モラルを高めるためにも社員と個別に秘密保持の誓約書を締結することも有効な手段といえます。

★行政機関の資料を活用すれば安価に教育を実施することも可能

何も、高額な研修費用をかけて外部研修に参加しなければいけないわけではありません。

図表121のような行政機関の資料をうまく活用すれば安価、または無料で教育研修を実施することが可能です。

★研修の記録もとって履歴を残しておく

社員研修を実施した場合は、研修記録をとり、後から履歴を見れるようにし、今後の社員研修の内容検討にも活かしていきます。

著者略歴

志戸岡　豊（しどおか　ゆたか）

特定社会保険労務士。志戸岡社会保険労務士事務所代表。

1979年福岡県生まれ。長崎大学を卒業後、化学メーカーへ就職。その後、谷口労務管理事務所において4年間にわたり社労士業務を学び、2011年に独立。独立後は、社員数50名までの中小企業の就業規則と労働契約書に注力。現在は、人事・労務サービスを通して、職場の笑顔を増やすことをミッションとして活動。人事労務に振り回されて、ストレスと不安を抱える中小企業経営者に、労務の仕組みをつくり、リスクと不安を減らすサポートを提供中。

・HP：http://www.office-shidooka.com
・Blog：http://blog.roumu-soudan.info

改訂版
「労務リスク・トラブル」いざのときの対処法Q＆A

2011年5月24日　初版発行　　2011年9月29日　第2刷発行
2016年5月　6日　改訂版初版発行

著　者　志戸岡　豊　©Yutaka　Shidooka
発行人　森　　忠順
発行所　株式会社 セルバ出版
〒113-0034
東京都文京区湯島1丁目12番6号 高関ビル5B
☎03（5812）1178　　FAX 03（5812）1188
http://www.seluba.co.jp/
発　売　株式会社 創英社／三省堂書店
〒101-0051
東京都千代田区神田神保町1丁目1番地
☎03（3291）2295　　FAX 03（3292）7687

印刷・製本　モリモト印刷株式会社

Printed in JAPAN
ISBN978-4-86367-265-9